アダム・スミス

『国富論』

The Wealth of Nations

を読む

こうして経済学は生まれた

滝川 好夫
Yoshio Takigawa

八千代出版

はしがき

【古典『国富論』を読む意義は「前進のための回顧」】

　私が大学学部に入学して、一番目に買って読もうとした古典本が、アダム・スミス『諸国民の富』（大内兵衛・松川七郎訳）である。経済学部生になって「読む権利ができた」「読む責任ができた」と仰々しく考えた本がアダム・スミス『国富論』（『諸国民の富』）である。『国富論』は経済学の父アダム・スミスによって書かれた本、経済学に出てくる原理を書いた本という認識で読もうとしたが、頓挫したことを覚えている。

　『国富論』は経済学文献の古典中の古典である。古典を読む意義は「前進のための回顧」である、すなわち、新しいものは必ずしも前方にのみあるのではなく、前進しようとする者はまず退いて先人の言葉（古典）に耳を貸すべきであり、自動車にヘッドライトのほかにバックミラーがあるように、「こうして経済学は生まれた」という回顧は回顧のためでなく、将来の展望のためにも必要である。

【経済全体を理解するために古典本を読む】

　神戸大学経済学部・大学院経済学研究科助手として採用されたときに、恩師・矢尾次郎先生から「これからは研究時間を3つに、すなわち論文作成には直接つながらないが経済全体を理解するために古典本を読む時間、経済分析を行うための道具を身につける時間、論文を書くための文献を読む時間に分けなさい」と言われ、学部・大学院時代からの、古典本を読むことが続いた。

　矢尾次郎先生はケインズ経済学の大家であり、先生から「J. M. ケインズの経済学」のご指導を受けた私は『ケインズ経済学を読む―『貨幣改革論』『貨幣論』『雇用・利子および貨幣の一般理論』』（ミネルヴァ書房、2008年3月）、『図解雑学　ケインズ経済学』（ナツメ社、2010年11月）などを刊行することができ、矢尾先生の学恩に一部応えることができた。

【『道徳情操論』から『国富論』へ】

　古典中の古典はアダム・スミス『道徳情操論』（1759年）『国富論』（1776年）である。私は、2022年9月に、『アダム・スミスを読む、人間を学ぶ。——いまを生き抜くための『道徳情操論』のエッセンス』（ミネルヴァ書房）を刊行したが、同書を執筆する中で、「なぜ、いつからアダム・スミスは道徳哲学者から経済学者になったのか」がずっと気になっていた。

　ふたたび『国富論』を読みたくなり、Smith, A., *An Inquiry into the Nature and Causes of the Wealth of Nations*, 5th edition, London, 1789（大河内一男監訳『国富論　Ⅰ, Ⅱ, Ⅲ』（中公文庫）、中央公論新社、2020年11月）を購入して、読み始めた。文献を読んでいると、『道徳情操論』が主で、『国富論』が従とみなす人もいて、私は『道徳情操論』を読んでから『国富論』を改めて読んだが、この読み順は「こうして経済学は生まれた」を理解するのに役だった。すなわち、

（1）『道徳情操論』を読んだのちに『国富論』を読むと、『国富論』の中に「人間が……だから、人間の性向が……だから、……」という記述が目立ち、スミスが人間の本性、人々の生活ぶり、社会の仕組みをするどく観察していることがわかる。スミスは、経済行動を人間の性向から生じるものととらえ、経済メカニズムを人間の本性から説明しようとしているので、『国富論』は『道徳情操論』の延長線上の議論である、あるいは『国富論』の基礎には『道徳情操論』があるように思える。

（2）『国富論』は経済学の概念・理論が確立される前に書かれた本である。『国富論』には「確聞したところでは」という文言がよく出てくるが、経済学は人間・社会の観察から始まったのであり、『国富論』は人間観察・社会観察の本である。

　アダム・スミスは「経済学の父」と呼ばれているが、スミスの行ったことは「経済学の体系化」であり、経済学をサイエンスとした父である。『国富論』は経済学（正しくは経済学の体系化）の始まりの書であり、最重要事項の1つは『国富論』の章立てである。スミスが『国富論』をどのような動機で、何の目的で書いたのか、どのように説明しようとしたのかを理解することが

きわめて肝要である。原書には「ほぼ」「ほとんど」「多少」などなどさまざまな修飾語がついているが、『国富論』の内容を明瞭化するために、本書では、これらの言葉を省き、すべて「する・しない」「ある・ない」「できる・できない」と白黒はっきりさせた論述を行っている。

【『国富論』の2つの最重要命題】

　『国富論』は利害・偏見・法律・慣習が自然・理性の秩序を壊していると論じ、アダム・スミスは自由競争市場を好んでいる。読者には『国富論』の以下の2つの中核命題を意識しながら、本書を読んでいただきたい。引用文注には、訳本巻数（大河内一男監訳『国富論　I，II，III』）のI、II、IIIを記している。

(1)「生産物の量の大きさは、それにたいして支払うことのできる人の消費の量と、つねに正確に対応するだろうし、また価格は、つねにかれらのあいだの競争のはげしさに比例するだろう。だから、（中略）買手の数とかれらのあいだの競争をできるだけ増大させるために、自国の生産物にできるだけ広大な市場を開放し、商業のもっとも完全な自由を認めることこそが利益なのであり、したがって、いっさいの独占を廃止し、（中略）いっさいの制限を廃止することこそが、主権者にとっての利益なのである。」（訳書 II p. 504）

(2)「人間の自然的な利己心と性向とは、（中略）社会公共の利益と一致し、（中略）個人の私的な利己心は、おのずとかれらを動かして、通例、その社会にとってもっとも有利な投資に自分の資本を振り向けさせるようにする。」（訳書 II p. 490）

　読者のみなさんは、本書を読むことによって、上記2つの命題の論理を理解することができると確信している。

　私の45年以上にわたる経済学研究を振り返るとき、第1に金融論研究を行ってきた私が実物経済、とりわけ人口・雇用の重要性に気づいたこと、第2に支出面を重視するケインズ経済学をとくに専門にしてきた私が経済の生産・分配面の重要性に気づいたこと、そして第3に時代がいまや実物経済の生産・分配面の立て直しを要請していることを踏まえると、実にアダム・

スミス『国富論』は今の時代にぴったりの、私自身読んで大満足の本であった。上記の2つの命題は私にとっては今の日本・世界を考えるキーであると思っている。

【謝辞】

出版事情がきわめて厳しい中で『アダム・スミス『国富論』を読む―こうして経済学は生まれた』を刊行することができたことは八千代出版の森口恵美子社長のご理解によるものであり、ここに記して感謝の意を表したい。また、編集にあたっては同社の御堂真志氏にたいへんお世話になった。ここに記して謝意を表したい。また、中央公論新社からは二次的著作権者としての許諾をいただき、ここに記して、深謝したい。父・好一、母・さかゑ、恩師・矢尾次郎先生に本書を捧げたい。

2023年7月25日（古稀）
　　　　　　　　関西外国語大学英語キャリア学部教授・神戸大学名誉教授
　　　　　　　　滝川好夫

目　　次

序　論 『国富論』の特徴と構成

（序論および本書の構想）

【『国富論』の国の富とは？：国富 vs. GDP】

　現代経済学では、一国の経済の大きさは「GDP（国内総生産）」、「国富（＝非金融資産＋対外純資産）」を用いてそれぞれ測られ、アダム・スミス『国富論』は、現代経済学の用語法では、「一国の GDP」の論である。

【スミスの経済学の本質：スミス『国富論』vs. ケインズ『一般理論』】

　刊行年は、A. スミス『国富論』1776 年、J. M. ケインズ『雇用・利子および貨幣の一般理論』1936 年であり、現在の大学の授業では主として『一般理論』にもとづく需要サイドの経済学が教授されている。需要サイドの経済学では、財の供給量 100 に対して、財の需要量 150 であれば、需給ギャップ（＝需要量−供給量）はプラス 50（需要超過）で好況、逆に財の供給量 100 に対して、財の需要量 50 であれば、需給ギャップはマイナス 50（供給超過）で不況とされ、「供給量 100 ＜需要量 150」の好況下では「供給量の 50 増大→労働雇用量増大」、逆に「供給量 100 ＞需要量 50」の不況下では「供給量の 50 減少→労働雇用量減少」といった供給量増減の調整がそれぞれ行われる。つまり、これが「需要量に見合って供給量が決まる」という「有効需要の原理」である。

　『国富論』は供給サイドの経済学であり、そこでは「供給量 100 ＜需要量 150」は「財は乏しい」、「供給量 100 ＞需要量 50」は「財は豊か」であることをそれぞれ意味している。『国富論』では、超過需要量（「供給量 100 ＜需要量 150」）は「価格上昇→需要量の 50 減少」、超過供給量（「供給量 100 ＞需要量 50」）は「価格下落→需要量の 50 増大」といった需要量増減の調整がそ

れぞれ行われる。つまり、これが「供給量に見合って需要量が決まる」「供給量がそれ自らの需要量を生み出す」という「セイの法則」である。

かくて、『一般理論』が需要面のみを重視する経済学であるのに対して、『国富論』は供給面のみを重視する経済学である。「供給量 100 ＜需要量 150」は『一般理論』では「好況」、『国富論』では「財は乏しい」とされ、「供給量 100 ＞需要量 50」は『一般理論』では「不況」、『国富論』では「財は豊か」とされる。『国富論』の最重要テーマは GDP を供給面からいかに増やせばよいかである。

【経済の循環：スミスの「生産・分配」vs. ケインズの「支出」】

現代経済学では、「生産→分配→支出→生産」といった経済の循環が議論されている。経済状態が良い（好循環の）ときは「生産－○→分配－○→支出（－○→生産）」であるが、経済状態が悪い（悪循環の）ときは①「生産－×→分配－○→支出（－○→生産）」（生産しても分配を受け取れない）、②「生産－○→分配－×→支出（－○→生産）」（分配を受け取ったが、支出をしない）、③「生産－○→分配－○→支出（－×→生産）」（分配を受け取り、支出しようとしたが、生産が対応できない）のいずれかあるいはすべてが生じている。

『国富論』は、経済状態が悪いときは①「生産－×→分配－○→支出（－○→生産）」、③「生産－○→分配－○→支出（－×→生産）」のいずれかあるいは両方が生じていると考え、経済の支出面を取り上げず、経済の生産・分配面だけを取り上げている。『一般理論』は、経済状態が悪いときは②「生産－○→分配－×→支出（－○→生産）」が生じていると考え、経済の生産・分配面を取り上げず、経済の支出面だけを取り上げている。

【『国富論』の理論問題：労働生産性の向上】

『国富論』は、経済発展の段階として、「資本蓄積が行われる前」「資本蓄積が行われた後」の区別を行い、GDP（経済全体の財の生産量・供給量）は、第1に資本蓄積の前は「労働」あるいは「労働と土地」の投入によって生産され、第2に資本蓄積の後は「労働と資本」あるいは「労働、資本、および

土地」の投入によって生産されるものとしている。

　『国富論』が取り上げている理論問題は経済循環の中の生産・分配の問題であり、資本蓄積の前は、GDP（経済全体の財の生産量・供給量）は「国民の労働がふつう行なわれるさいの熟練、技能、判断力の程度」と「有用な労働に従事する人々の数」（訳書Ⅰp. 23）に依存していると論じている。すなわち、「GDP＝（GDP／労働量）×労働量」の分析枠組みで言えば、GDPは労働生産性（GDP／労働量：労働の熟練、技能、判断力の程度）と労働量によって決定され、『国富論』の最重要テーマは「労働生産性はいかにすれば向上するのか」である。

【『国富論』の構成：第1篇～第5篇】

　『国富論』は以下の5つの篇から構成されている。

　第1篇　労働の生産力における改善の原因と、その生産物が国民のさまざまな階級のあいだに自然に分配される秩序について

　第2篇　資本の性質、蓄積、用途について

　第3篇　国によって富裕になる進路が異なること

　第4篇　経済学の諸体系について

　第5篇　主権者または国家の収入について

　すなわち、第1篇は「生産・分配」理論と貨幣・金融・価格、第2篇は資本の理論、第3篇は経済史、第4篇は学説史、第5篇は財政をそれぞれ取り上げている。第1篇と第2篇が『国富論』の中核であり、経済の基本概念・基本構造を論じている。

　『国富論』は「経済学の父」と呼ばれるアダム・スミスの本であり、経済学（正しくは経済学体系化）の父は、経済学とは、「生産・分配」理論と貨幣・金融・価格、資本の理論、経済史、学説史、財政であると考えていたのである。

┌─ ポイント ─
│ （1）『国富論』は一国の GDP の論であり、モノだけの価値の創造を取り上

序　論　『国富論』の特徴と構成　　3

げている。

（2）財の超過需要量（「供給量＜需要量」：「財は乏しい」）は「価格上昇→
　　需要量減少」、超過供給量（「供給量＞需要量」：「財は豊か」）は「価格下
　　落→需要量増大」といった需要量増減の調整が行われる。つまり、供給量
　　に見合って需要量が決まる。

（3）『国富論』は経済の供給面のみを重視する経済学であり、最重要テーマ
　　はGDPを供給面からいかに増やせばよいかである。

（4）GDPは労働生産性（GDP／労働量：労働の熟練、技能、判断力の程
　　度）と労働量によって決定され、『国富論』の最重要テーマは「労働生産
　　性はいかにすれば向上するのか」である。

第1章 経済理論

（第1篇第1〜3, 8〜11章、第2篇第3章）

【『国富論』第1篇の構成】

　『国富論』第1篇「労働の生産力における改善の原因と、その生産物が国民のさまざまな階級のあいだに自然に分配される秩序について」の主題は、労働生産性の向上はいかにすれば行われるのかと、「地代で生活する人々」「賃金で生活する人々」「利潤で生活する人々」といった3大階級の間に労働の生産物がいかに自然に分配されるのかである。『国富論』第1篇は以下の11の章から構成されている。

第1章　分業について

第2章　分業をひきおこす原理について

第3章　分業は市場の大きさによって制限される

第4章　貨幣の起源と使用について

第5章　商品の真の価格と名目上の価格について、すなわち、その労働価格と貨幣価格について

第6章　商品の価格の構成部分について

第7章　商品の自然価格と市場価格について

第8章　労働の賃銀について

第9章　資本の利潤について

第10章　労働と資本の種々な用途における賃銀と利潤について

　　第1節　職業自体の性質から生じる不均等

　　第2節　ヨーロッパ諸国の政策によってひきおこされる不均等

第11章　土地の地代について

過去4世紀間における銀の価値の変動にかんする余論

改良の進歩が製造品の真の価格に及ぼす効果

本章の結論

1 分業による労働生産性向上（第1篇第1〜3章）

【分業はなぜ生じるのか：分業は人間の本性上の性向から生じる】

　スミスは、分業は「それによって生じる社会全般の富裕を予見し意図した人間の知恵の所産」ではなく、「広い範囲にわたる有用性には無頓着な、人間の本性上のある性向、すなわち、ある物を他の物と取引し、交易し、交換しようとする性向の、緩慢で漸進的ではあるが、必然的な帰結なのである。」（訳書 I p. 51）と述べ、分業は「取引・交易・交換したい」という人間の本性上の性向から生じたものであると論じている。

【「取引・交易・交換したい」は博愛心ではなく、自愛心からである】

　「私の欲しいものを下さい、そうすればあなたの望むこれをあげましょう」といった申し出について、スミスは「われわれが呼びかけるのは、かれらの博愛的な感情にたいしてではなく、かれらの自愛心にたいしてであり、われわれがかれらに語るのは、われわれ自身の必要についてではなく、かれらの利益についてである。」（訳書 I p. 53）と述べている。すなわち、一国が富裕になるには労働生産性を高めなくてはならない、労働生産性を高めるためには分業を行わなくてはならず、分業は交換取引の成立によって担保され、そして交換取引の申し出は相手の自愛心に訴えることによって行われる。交換取引の申し出を行う人の欲望は合意により、交易により、購買によって充足されるのである。

【「分業」の効果：「労働生産性の向上」と「職業・仕事の分化」】

　アダム・スミスと言えば「ピン作りの分業」で有名であるが、スミスは「小さい製造業 vs. 大きい製造業」における分業の度合いを考察し、製造業の大きさのいかんにかかわらず「分業」は実際に行われていると指摘してい

る。スミスは「分業は、それが採り入れられるだけで、どんな技術の場合でも、労働の生産力をそれにおうじて増進させる。この利益の結果として、さまざまな職業や仕事がたがいに分化したように思われる。」（訳書Ⅰp. 36）と述べ、すなわち、第1に「分業」は労働生産性を向上させ、その結果、職業・仕事の分化をもたらした、第2に「分業」による職業・仕事の分化は最高度の産業と進歩を享受している国々で最も進んでいる、と論じている。

【分業による労働生産性向上の3つの理由】

スミスは、分業による労働生産性向上の理由として、以下の3つを挙げている（訳書Ⅰpp. 38-43）。

（1）労働者の技能の向上

「分業」を行うことによって、労働者の技能は向上する。つまり、分業により、各人の仕事は単純な作業に還元され、また単純化された作業がその人の生涯のただ一つの仕事になるので、労働技能は必然的に増進する。

（2）次の仕事へ移る時間のゼロ化

1人がいくつかの作業を行うと、1つの仕事からもう1つの仕事へと移るときに時間のロスが生じるが、「分業」を行うと仕事を変える時間のロスがなくなる。

（3）労働生産性を向上させる機械類の発明

スミスは「労働をこれほど容易にし短縮させるすべてのこうした機械類の発明が、じつは分業の結果生じているように思われる」（訳書Ⅰp. 41）と述べている。つまり、「分業」は労働生産性を向上させる機械類の発明を促進する。

【分業と「製造業の労働生産性 vs. 農業の労働生産性」】

スミスは、「農業 vs. 製造業」における各分業について、第1に農業は完全分業を行うことが不可能であるので労働生産性は低いが、製造業は分業を行うことが可能であるので労働生産性は高い、第2に製造業の労働生産性は「富んだ国の労働生産性＞貧しい国の労働生産性」であるが、農業の労働

生産性は必ずしも「富んだ国の労働生産性 > 貧しい国の労働生産性」である
とは限らない、と論じている。

【職業・仕事の分化は交換取引の確実性によって担保】

「分業」の効果には「労働生産性の向上」と「職業・仕事の分化」の２つ
があるが、スミスは「人はだれでも、自分自身の労働の生産物のうち自分の
消費を超える余剰部分を、他人の労働の生産物のうちかれが必要とする部分
と交換することができるという確実性によって、特定の職業に専念するよう
に促される。」（訳書Ⅰp. 55）と述べ、「職業・仕事の分化」は交換取引の確
実性によって担保されると論じている。

【分業は市場の大きさによって制限】

スミスは「分業をひきおこすのは交換しようとする力であるから、分業の
大きさも、この力の大きさによって、いいかえると市場の大きさによって、
制限されるにちがいない。」（訳書Ⅰp. 59）と述べている。すなわち、市場の
規模が大きければ、人は１つの仕事にだけ専念することができるが、市場
の規模が小さければ、人は１つの仕事にだけ専念することができない。市
場の規模は「分業」したがって「職業・仕事の分化」を担保するものである。

【分業と資本】

スミスは「所定の仕事がいくつかの部分からなるという場合、各人をいつ
も同一の仕事に従事させておくほうが、各人をそのときどきにさまざまな仕
事に従事させておく場合よりも、はるかに大きい資本を必要とする。」（訳書
Ⅰpp. 642-643）と述べている。つまり、分業を行うにはより大きな資本が
必要である。

【分業と分配：トリクルダウン】

現代経済学では、富が高所得層から低所得層へ徐々に滴り落ちるとする理
論は「トリクルダウン理論」と呼ばれているが、スミスは「よく統治された

社会では、人民の最下層にまで広く富裕がゆきわたるが、そうした富裕をひきおこすのは、分業の結果として生じる、さまざまな技術による生産物の巨大な増加にほかならないのである。」（訳書Ⅰp. 43）と述べ、社会がよく統治されていれば、トリクルダウンが起こると論じている。

ポイント

（1）分業は「取引・交易・交換したい」という人間の本性上の性向から生じたものである。分業は交換取引の成立によって担保され、そして交換取引の申し出は相手の自愛心に訴えることによって行われる。
（2）「分業」は労働生産性を向上させ、その結果、職業・仕事の分化をもたらした。
（3）「分業」を行うと、労働者の技能は向上し、仕事を変える時間のロスがなくなり、労働生産性を向上させる機械類の発明を促進する。
（4）農業は完全分業を行うことが不可能であるので労働生産性は低いが、製造業は分業を行うことが可能であるので労働生産性は高い。
（5）市場の規模は、「分業」したがって「職業・仕事の分化」を担保するものである。
（6）分業を行うにはより大きな資本が必要である。

2　労働の分類：「生産的労働」vs.「不生産的労働」（第2篇第3章）

【労働の分類：「生産的労働」vs.「不生産的労働」】

　現代経済学ではモノの生産も、サービスの生産も価値の創造とみなしているが、『国富論』はモノの生産のみを価値の創造とみなしている。スミスは「労働には、それが投じられる対象の価値を増加する種類のものと、そのような効果を生じないもう1つの種類のものとがある。」（訳書Ⅰp. 620）と述べ、価値を生産する労働を「生産的労働」、価値を生産しない労働を「不生産的労働」とそれぞれ呼んでいる。

（1）「生産的労働」：例えば、製造工の労働
　1人の「生産的労働」（製造工の労働）の生産物の価値＝「加工する材料の価

値」＋「自分自身の生活維持費の価値」＋「雇主の利潤の価値」であり、１人の「生産的労働」の付加価値（価値創造）は「自分自身の生活維持費の価値」と「雇主の利潤の価値」の合計である。「自分自身の生活維持費の価値」は１人の生産的労働者が雇主（資本家）から前払いをしてもらっている賃金であり、スミスは「その賃銀の価値は、一般に、かれの労働が投じられた対象の価値が増大し、利潤をともなって回収されるのであるから、製造工は実際には、雇主にとってなんの費用もかからないものである。」（訳書Ⅰp. 620）と述べている。

(2)「不生産的労働」：例えば、家事使用人の労働、公共社会の使用人（司法官、軍将校など）の労働

　１人の「不生産的労働」（家事使用人の労働）の生産物の付加価値＝０であり、１人の不生産的労働者は「自分自身の生活維持費の価値」を創造できない。スミスは「家事使用人の労働は、ある特定の対象または販売しうる商品のかたちで固定されたり具体化されたりはしない。かれのサーヴィスは、それが行なわれるその瞬間に消滅してしまうのがふつうであって、それだけのサーヴィスと引換えになにかを入手できるだけのもの、つまり価値をあとに残すことは、滅多にない。」（訳書Ⅰp. 621）と述べている。すなわち、スミスは、生産的労働者は対象に労働を投じ投入労働の価値を回収できるが、不生産的労働者は対象に労働を投じても何らの価値を創造しないので投入労働の価値（生活維持費）を回収できないと論じ、そして、「（不生産的労働者の―引用者注）労働にも価値があり、（中略）その報酬を受けるべきものであることは当然である。」（訳書Ⅰp. 621）と述べている。

【社会の全住民の３タイプ】

　スミスは、社会の全住民を「生産的労働者」「不生産的労働者」「ぜんぜん労働しない人たち」の３つのタイプに分け、以下のことを指摘している。
(1)「生産的労働者」のみがモノを生産し、生産されたモノは「生産的労働者」「不生産的労働者」「ぜんぜん労働しない人たち」によって消費される。
(2) モノが労働、資本、土地によって生産される場合、第１に流動資本（「食

料品」「材料」「完成品」）が回収される、つまり1つは生産的労働者によって投入された労働の価値（生活維持のための「食料品」：労働者に前払いされた賃金）が回収され、もう1つは投入された「材料」が回収され、さらにもう1つは固定資本を維持するための「完成品」が回収される。第2に資本家に対して利潤が支払われる。第3に地主に対して地代が支払われる。

（3）「生産的労働者」のみがモノを生産し、賃金を得て、生産されたモノの一部を消費する。「不生産的労働者」「ぜんぜん労働しない人たち」は何も生産しないので、「生産的労働者」の生産したモノの一部を消費する。第1に「生産的労働者」が賃金で購入したモノはもともとは生産的労働者だけを維持するのに充てられるものであったが、生活維持に必要なものを超えるモノがあれば、それはすべて「不生産的労働者」「ぜんぜん労働しない人たち」を維持するのに消費される。第2に「不生産的労働者」「ぜんぜん労働しない人たち」の消費生活は資本の利潤と土地の地代によって維持される。

（4）生産されたモノは「生産的労働者」「不生産的労働者」「ぜんぜん労働しない人たち」によって消費されるが、「生産的労働者」によって消費されるものが多ければ多いほど、翌年のGDPは大きくなる。

【生産的労働者（勤勉）vs. 不生産的労働者（怠惰）】

スミスは「資本（「生産的労働の維持にあてられる基金」―引用者注）と収入（「不生産的労働の維持にあてられる基金」―引用者注）との比率は、どこでも、勤勉と怠惰との比率を左右するように思われる。資本（賃金―引用者注）が優勢なところでは勤勉が広がり、収入（利潤・地代―引用者注）が優勢なところでは怠惰がはびこる。それゆえ、資本が増減するたびに、勤勉の実際の量、すなわち生産的労働者の数は自然に増減する傾向があり、またしたがって、その国の土地と労働の年々の生産物の交換価値、その国の住民の真の富と収入は、自然に増減する傾向がある。」（訳書Ⅰp. 632）と述べている。すなわち、第1にGDPは賃金、利潤、地代に分配されるが、賃金への分配を多くすれば生産的労働者の割合が増え、利潤・地代への分配を多くすれば不生産的労働者の割合が増える、第2に生産的労働者は勤勉であり、不生産的労働者は

怠惰である。

　さらに、スミスは、以下のことを指摘している。

（1）「富んだ国 vs. 貧しい国」では、富んだ国は資本が大きく、利潤は大きい、貧しい国は資本が小さく、利潤は小さいが、「富んだ国の利潤率＜貧しい国の利潤率」である（訳書Ⅰ p. 628）。

（2）「富んだ国 vs. 貧しい国」について、「賃金 vs. 利潤・地代」の分配割合を比較すると、「富んだ国の賃金割合＞貧しい国の賃金割合」である。つまり、「生産的労働の維持にあてられる基金 vs. 不生産的労働を愛好する基金」の分配割合を比較すると、「富んだ国の生産的労働の維持にあてられる基金割合＞貧しい国の生産的労働の維持にあてられる基金割合」である（訳書Ⅰ pp. 627-629）。

（3）商業都市・工業都市の下層階級は、消費生活が生産的労働によって維持され、勤勉・真面目・豊かであるのに対して、宮廷所在地の下層階級は、消費生活が上層階級の収入（利潤・地代）によって維持され、怠惰・放縦・貧乏である（訳書Ⅰ pp. 629-632）。

【資本と「節約 vs. 浪費・不始末」】

　GDP は労働、資本、土地によって生産され、スミスは「資本は、節約によって増加し、浪費と不始末によって減少する。（中略）勤勉ではなくて節約が、資本増加の直接の原因である。」（訳書Ⅰ pp. 632-633）と述べている。つまり、「勤勉」によって所得が生まれ、「所得＝消費＋貯蓄（「節約」）」「貯蓄（「節約」）＝資本の増加」である。

　スミスは、「節約 vs. 浪費・不始末」について、以下のことを指摘している。

（1）スミスは「ある人々の浪費が他の人々の節約によって償われることがないならば、すべての浪費家の行動は、勤勉な者のパンで怠惰な者を養うことになるのだから、かれ自身を乞食にするばかりか、かれの国をも貧困化させることになる。」（訳書Ⅰ p. 635）と述べている。

（2）大国の経済が、個人の浪費・不始末によって大きな悪影響を受けることは起こり得ない。というのは、ある人々の乱費・無思慮は、つねに他の

人々の節約・手堅さによって償われるものだからである（訳書 p. 639）。

（3）大国が、私的な浪費・不始末によって貧乏になることはないが、公的な浪費・不始末によって貧乏になることはある。というのは、公収入のほとんどが「不生産的労働者」「ぜんぜん労働しない人たち」の生活維持に支出されるからである（訳書Ⅰp. 640）。

（4）スミスは「金を使おうとする本能は、ある場合にはほとんどすべての人を支配し、また人によってはほとんどすべての場合にこの本能に支配されているといえるが、大部分の人について、その全生涯をつうじての平均をとれば、節約という本能が優位を占めているばかりか、その度合は非常に大きいように思われる。」（訳書Ⅰpp. 639-640）と述べている。

【スミスは「節約は美徳」vs. ケインズは「節約は悪徳」】

スミスは「節約は、生産的労働者の維持にあてられる基金を増加させることによって、その労働が投下される対象の価値を増加させる労働者の数をふやすものである。したがって節約は、その国の土地と労働の年々の生産物の交換価値を増加させる傾向がある。それは、勤労の追加量を活動させ、その追加量が年々の生産物に追加的価値を与えるのである。」（訳書Ⅰp. 633）と述べている。

スミス『国富論』は供給重視の経済学であり、「『節約』（貯蓄）増大→資本（「生産的労働者の維持にあてられる基金」：賃金）の増大→生産的労働者数の増大→ GDP の増大」であるが、ケインズ『一般理論』は需要重視の経済学であり、「『節約』（貯蓄）増大→消費支出（有効需要）減少→ GDP の減少」である。GDP 増大の策としては、スミスは「すべて浪費家は公共社会の敵であり、節約家はすべてその恩人であるように思われる。」（訳書Ⅰp. 638）と述べ、節約は良い策、浪費・不始末は悪い策と論じているが、ケインズにおいてはまったく逆で、不況下では節約は悪い策、浪費・不始末は良い策である。

【貯蓄→「生産的労働者の消費 vs. 不生産的労働者の消費」】

貯蓄したものはいずれ消費され、スミスは「それ（貯蓄—引用者注）がだれ

によって消費されるかによって違いが生じる。」(訳書 I p. 633) と述べている。つまり、スミスは、第 1 に貯蓄が不生産的労働者（「怠惰な客人や家事使用人」）によって消費されるのであれば、あとには何も残されない。第 2 に貯蓄が生産的労働者（「労働者、製造工、手工業者」）によって消費されるのであれば、スミスは「この人たちは自分たちの消費の価値を利潤とともに再生産するのである。」(訳書 I p. 634) と述べている。

【無分別で不成功に終わる事業企画 vs. 思慮深く成功した企業】

　スミスは、「無分別で不成功に終わる事業企画 vs. 思慮深く成功した企業」について、以下のことを指摘している。

(1)「思慮深く成功した企業」の数は「無分別で不成功に終わる企業」の数よりはるかに多い（訳書 I p. 640）。

(2)「無分別で不成功に終わる事業企画」は浪費と同様に、生産的労働の維持にあてられる基金を減少させる（訳書 I p. 638）。

(3) スミスは「破産は、罪もない人間にふりかかる災厄としては、おそらく最大で、また最も屈辱的なものであろう。」(訳書 I p. 640) と述べている。

【支出の対象：耐久性あり vs. 耐久性なし】

　個人の収入は次のいずれかに支出される（訳書 I p. 648）。

(1)「ただちに消費されて、ある日の経費が他の日のそれを軽減もしなければ助けもしないようなもの」

(2)「いっそう耐久性のある、したがって蓄積が可能で、毎日の経費が、かれの好むままに翌日の経費を軽減したり助けたりしてその効果を高めるようなもの」

　スミスは、個人は耐久性のある商品に消費すると、毎日の支出が次の日の支出の効果を高めるのに寄与するので、生活はだんだん立派なものになっていくと論じている（訳書 I p. 649）(注1)。

14

┌─ ポイント ───┐

（1）価値を生産する労働は「生産的労働」、価値を生産しない労働は「不生
　　産的労働」とそれぞれ呼ばれている。生産的労働者は対象に労働を投じ、
　　投入労働の価値を回収できるが、不生産的労働者は対象に労働を投じても、
　　何らの価値を創造しないので投入労働の価値（生活維持費）を回収できな
　　い。

（2）社会の全住民は「生産的労働者」「不生産的労働者」「ぜんぜん労働し
　　ない人たち」の３つのタイプに分けられる。「生産的労働者」のみがモノ
　　を生産し、生産されたモノは「生産的労働者」「不生産的労働者」「ぜんぜ
　　ん労働しない人たち」によって消費される。「生産的労働者」によって消
　　費されるものが多ければ多いほど、翌年の GDP は大きくなる。

（3）GDP は賃金、利潤、地代に分配されるが、賃金への分配を多くすれば
　　生産的労働者の割合が増え、利潤・地代への分配を多くすれば不生産的労
　　働者の割合が増える。生産的労働者は勤勉であり、不生産的労働者は怠惰
　　である。

（4）ある人々の浪費が他の人々の節約によって償われることがないならば、
　　彼自身を乞食にするばかりか、彼の国をも貧困化させることになる。大国
　　が、私的な浪費・不始末によって貧乏になることはないが、公的な浪費・
　　不始末によって貧乏になることはある。というのは、公収入のほとんどが
　　「不生産的労働者」「ぜんぜん労働しない人たち」の生活維持に支出される
　　からである。

（5）貯蓄が不生産的労働者（「怠惰な客人や家事使用人」）によって消費さ
　　れるのであれば、あとには何も残されない。貯蓄が生産的労働者（「労働
　　者、製造工、手工業者」）によって消費されるのであれば、この人たちは
　　自分たちの消費の価値を利潤とともに再生産する。

（6）「無分別で不成功に終わる事業企画」は浪費と同様に、生産的労働の維
　　持にあてられる基金を減少させる。

└───┘

3　労働の賃金（第1篇第8章）

【労働賃金の決定と最低賃金：雇用者 vs. 被雇用者】

　スミスは、労働賃金は雇用者（「親方」）と被雇用者（「職人」）の間で決定さ

れるものであり、当時の英国について、以下のことを指摘している。

（1）賃金引き下げのための親方団結を禁止する法令はなかったが、賃金引き上げのための職人団結を禁止する法令はあった。

（2）雇用者（親方）の団結は「いつどこにあっても、一種暗黙の、しかし不断の、統一的な団結」（訳書Ⅰp. 152）であり、賃金を上昇させないようにしている。

（3）被雇用者（職人）の団結は、第1に官憲の干渉のために、第2に親方の堅固な方針のために、第3に職人が目前の生活に追われて余儀なく屈服させられるために、指導者たちの処罰のほかには何1つ得ることもなしに終った（訳書Ⅰp. 154）。

（4）スミスは、現在の最低賃金にあたるものについて、「人間はつねに働いて生きてゆかねばならないし、かれの賃銀は少なくともかれの生活を維持するに足りるものでなければならない。いや、たいていの場合、賃銀はこれよりいくぶん多くさえなければならない。」（訳書Ⅰpp. 154-155）と述べている。

【GDP →労働需要→賃金】

スミスは「賃銀で生活する人々にたいする需要は、国民の富が増加するにつれて自然に増加するのであって、それなしにはとうてい増加しえないのである。」（訳書Ⅰp. 157）と述べ、GDP が年々増大しつつある状況下においては労働需要は増大し、人手不足は雇用者たちの間に被雇用者獲得競争を引き起こし、その結果、労働賃金を引き上げまいとする雇用者たちの自然の団結を自発的に破ってしまい、賃金の上昇をもたらすと論じている。

スミスは、「北アメリカ vs. イングランド」を比較して、「労働の賃銀の上昇をもたらすのは、国民の富の現実の大きさ如何ではなくて、富の恒常的な増加である。」（訳書Ⅰpp. 157-158）と述べ、「北アメリカの賃金上昇率＞イングランドの賃金上昇率」は、GDP の水準についての「北アメリカ＜イングランド」ではなく、GDP の成長率についての「北アメリカ＞イングランド」によるものであると論じている。

【賃金の源泉：「賃銀の支払にあてられるファンド」】

　「賃銀の支払にあてられるファンド」「労働の維持にあてられるファンド」、つまり労働者（職人）が受け取る賃金の源泉は、「親方の生活維持に必要な部分を超える収入」「親方の業務に必要な部分を超える資本」の2種類である。

　スミスは、「賃銀の支払にあてられるファンド」「労働の維持にあてられるファンド」（以下、「賃金ファンド」と略称）が増大している国、停滞している国、減退している国それぞれについて、以下のことを指摘している。

(1) 賃金ファンドが増大している国（北アメリカ）では、労働需要は増大し、労働需要の増大（人手不足）は賃金を上昇させ、「そこでは、労働の報酬がたいへんよいために、子供が多いということは親たちにとって重荷であるどころか、富裕と繁栄の源なのである。」（訳書Ⅰp. 159）したがって、スミスは、子供たちの価値は早婚、再婚へのすべての誘因の中で最大のものであると論じている。

(2) 賃金ファンドが停滞している国（シナ）では、「たとえ労働の賃銀が、労働者を維持し、かれが家庭を扶養しうるに十分な額以上であったにしても、労働者たちの競争と親方たちの利害関係とによって、賃銀はまもなく、普通の人間性を無視しない程度の最低の率にまで引き下げられるであろう。」（訳書Ⅰpp. 160-161）

(3) 賃金ファンドが減退している国（イングランドの東インド植民地）では、労働需要は減少し、雇用を求める競争は非常に激しくなり、賃金は労働者の最もみじめで乏しい生存水準にまで引き下げられる（訳書Ⅰp. 163）。

【人民の幸福度は社会の衰退・停滞・発展に依存】

　スミスは「大多数の人民（『労働貧民』—引用者注）の状態が最も幸福で最も快適であるように思われるのは、社会が富をとことんまで獲得しつくしたときよりも、むしろ富のいっそうの獲得をめざして前進している発展的状態にあるときである」（訳書Ⅰp. 178）と述べ、社会が発展している国、停滞している国、衰退している国それぞれの大多数の人民（「労働貧民」）の幸福度について、以下のことを指摘している（訳書Ⅰpp. 164-178）。

（1）社会が発展している国、つまり GDP 成長率、賃金ファンド、賃金上昇率が増大している国の人民は「楽しく健全」である。

（2）社会が停滞している国、つまり GDP 成長率、賃金ファンド、賃金上昇率が停滞している国の労働貧民は生計が乏しく、「つらい」「活気に乏しい」である。

（3）社会が衰退している国、つまり GDP 成長率、賃金ファンド、賃金上昇率が衰退している国の労働貧民は餓死的状態であり、「みじめ」「憂鬱」である。

【GDP 増大→賃金ファンド増大→人口増大】

　スミスは、「住民数の増加」が一国の繁栄の最も決定的な指標であると指摘し、「豊かな労働の報酬は、富の増大の結果であるが、同じくまた、人口の増加の原因でもある。」（訳書 I p. 177）と述べている。つまり、「富（GDP）増大→賃金ファンド増大→人口増大」である。

　スミスは、賃金と人口について、以下のことを指摘している。

（1）スミスは「人間にたいする需要は、他のすべての商品にたいする需要と同じように、人間の生産を必然的に左右する。」（訳書 I p. 176）と述べている。つまり、人間繁殖の状態を左右するものは労働に対する需要である。労働需要がたえず増加するならば賃金は上昇し、賃金上昇は必然的に労働者の結婚・出産を刺激し、増大する労働需要をたえず増大する人口によって満たすことができるようになる。

（2）賃金が高いと、低下層の人々は子供たちによい衣食を与えることができ、その結果、多数の子供を育てることができるので、増殖にたいする限界は自然に広げられる。

（3）スミスは「貧困は、たしかに結婚への意欲をくじくけれど、かならずしもそれを妨げはしない。それは出産にとって好都合でさえあるかにみえる。（中略）女性の贅沢は、おそらく享楽への心の高まりをかき立てるだろうが、それと同時に出産能力をつねに弱め、しばしばそれをまったくなくしてしまうように思われる。」（訳書 I pp. 173-174）と述べている。つまり、現代用語

の合計特殊出生率は下層階級の婦人のほうが上層階級の婦人よりはるかに高いのである。ただし、生活資料の乏しさは子供の死亡率を高め、下層階級の増殖に限界を設定する。

(4) スミスは「貧困は、たとえ出産を妨げないにしても、子供たちの養育にはすこぶる不都合である。」(訳書 I p. 174) と述べている。

【労働移動の困難性が賃金の地域間格差を生んだ】

スミスは「人間の本性が軽薄で無節操だということについていろいろといわれているが、人間という荷物は、あらゆるもののなかでいちばん輸送が困難だということが経験上明白である。」(訳書 I p. 167) と述べ、労働移動の困難性が賃金の地域間格差を生んでいると論じている。

【賃金と物価】

スミスは、英国について、第 1 に食料品価格は賃金に比べて年々の変動が大きく、賃金は食料品価格に比べて場所による変動が大きい、第 2 に賃金の変動は、場所的にも時間的にも、食料品価格の変動とまったく反対の場合がしばしばある、第 3 に実質賃金は世紀をつうじて上昇しているといったファクトを指摘し、一方で「賃銀は必要生活費の大きさによって規制されないで、仕事の分量とその推定価値によって定まる」(訳書 I p. 165) と述べ、賃金は物価とともに変動することはないと論じ、他方で賃金は「労働需要」と「物価 (生活の必需品と便益品の価格)」(訳書 I p. 185) によって規制されている、と論じている。

【賃金は永続的に安定：食料品価格の「安価な年 vs. 高価な年」と賃金】

スミスは「雇主たちはとうぜん、食料品の高価な年を産業に好都合な年として推奨する。」(訳書 I p. 182) と述べ、食料品価格が安価な年は労働者が有利であり、高価な年は雇用者が有利であると論じ、以下のことを指摘している。

(1) 食料豊富な年には食料品価格は安くなり、食料品価格が安くなると、

労働者の雇用にあてられるファンドが増加し、労働需要は増大する。労働需要の増大は賃金を上昇させるので、結果として、食料品価格が安価な年は賃金が上昇する。

（2）食料不足な年には食料品価格は高くなり、食料品価格が高くなると、労働者の雇用にあてられるファンドが減少し、労働需要は減少する。労働需要の減少は賃金を下落させるので、結果として、食料品価格が高価な年は賃金が下落する。

（3）一方で労働需要の増大は賃金を上昇させるが、食料品の低価格は賃金を下落させ、他方で労働需要の減少は賃金を下落させるが、食料品の高価格は賃金を上昇させるので、結果として、賃金は安定的で永続的である(注2)。

【賃金 vs.「労働者のやる気度合いとモラル」】

スミスは「生活資料が豊富であると労働者の体力は増進する。また自分の境遇を改善し、自分の晩年が安楽と豊富のうちに過せるだろうという楽しい希望があれば、それは労働者を活気づけて、その力を最大限に発揮させるようになる。」（訳書 Ⅰ p. 178）と述べている。つまり、高賃金は勤勉の刺激剤であり、賃金の上昇は労働者の勤勉を増進させる。

スミスは、自前の職人の割合が食料品価格が安価な年には増え、高価な年には減ると指摘し、「自前の職人 vs. 固定給の職人」を比較して、自前の職人のモラルは高いが、固定給の職人（仕事に精を出しても出さなくても賃金・手当が同じである職人）のモラルは低いと論じている。

ポイント ─────

（1）GDP が年々増大しつつある状況下においては労働需要は増大し、人手不足は雇用者たちの間に被雇用者獲得競争を引き起こし、賃金の上昇をもたらす。「北アメリカの賃金上昇率＞イングランドの賃金上昇率」は、GDP の水準についての「北アメリカ＜イングランド」ではなく、GDPの成長率についての「北アメリカ＞イングランド」によるものである。

（2）賃金ファンドが、増大している国（北アメリカ）では賃金は上昇し、停滞している国（シナ）では、賃金は普通の人間性を無視しない程度の最

低の率にまで引き下げられ、減退している国（イングランドの東インド植民地）では賃金は労働者の最もみじめで乏しい生存水準にまで引き下げられる。

（3）「住民数の増加」は一国の繁栄の最も決定的な指標であり、豊かな労働の報酬は、富の増大の結果であるが、同じくまた、人口の増加の原因でもある。賃金上昇は必然的に労働者の結婚・出産を刺激する。

（4）現代用語の合計特殊出生率は下層階級の婦人のほうが上層階級の婦人よりはるかに高い。ただし、生活資料の乏しさは子供の死亡率を高め、下層階級の増殖に限界を設定する。貧困は、たとえ出産を妨げないにしても、子供たちの養育にはすこぶる不都合である。

（5）労働移動の困難性が賃金の地域間格差を生んでいる。

（6）食料豊富な年には食料品価格は安くなり、食料品価格が安くなると、労働者の雇用にあてられるファンドが増加し、労働需要は増大する。労働需要の増大は賃金を上昇させるので、結果として、食料品価格が安価な年は賃金が上昇する。食料不足の年には食料品価格は高くなり、食料品価格が高くなると、労働者の雇用にあてられるファンドが減少し、労働需要は減少する。労働需要の減少は賃金を下落させるので、結果として、食料品価格が高価な年は賃金が下落する。

（7）一方で労働需要の増大は賃金を上昇させるが、食料品の低価格は賃金を下落させ、他方で労働需要の減少は賃金を下落させるが、食料品の高価格は賃金を上昇させるので、結果として、賃金は安定的で永続的である。

（8）高賃金は勤勉の刺激剤であり、賃金の上昇は労働者の勤勉を増進させる。自前の職人のモラルは高いが、固定給の職人（仕事に精を出しても出さなくても賃金・手当が同じである職人）のモラルは低い。

4　資本の利潤（第1篇第9章）

【労働の平均賃金率 vs. 資本の平均利潤率】

　スミスは「労働の平均賃銀とはなにかということを確定するのは、ある特定の場所、ある特定の時点でさえ、容易なことではない。（中略）こうした場合でさえ、最も日常的な賃銀とはなんであるかを決定するのが精いっぱいなところである。ところが資本の利潤となると、こういうことですら滅多に決

定できないのである。利潤というものは非常に変動しがちなものであるから、ある特定の事業を営んでいる人でも、自分の年利潤の平均がいったいどれだけであるかを、つねに明らかにできるとはかぎらない。」（訳書Ⅰ pp. 194-195）と述べている。つまり、第1に労働の平均賃金率を確定するのは困難であるが、最も日常的な賃金率を決定するのはできる、第2にさまざまな事業全体の資本の平均利潤率を確定するのはもちろん、最も日常的な利潤率を決定するのも困難である、第3に利潤率は無数の偶発的な出来事からの影響を受け、非常に変動しやすい。

【資本利潤率の特徴】

　スミスは、資本利潤率の特徴として、以下のことを指摘している。

(1) スミスは「利潤（正しくは利潤率—引用者注）の減少は、事業の繁栄の自然的結果であるか、従前よりもいっそう大きい資本が事業に用いられていることの自然的結果なのである。」（訳書Ⅰ p. 200）と述べている。資本の増大は労働の生産力増大をもたらすことによって賃金率を上昇させ、利潤率を低下させ、商品価格を下落させる。

(2) 資本が同一事業に振り向けられるとき、資本家相互の競争は利潤率を引き下げる。

(3) スミスは「資本の利潤の上昇・下落は、労働の賃銀の上昇・下落と同一の原因に、すなわち、社会の富が増加の状態にあるか、減退の状態にあるかに依存する。だが、このような原因が前者と後者とに与える影響は、たいへん異なっている。」（訳書Ⅰ p. 194）と述べている。つまり、GDP が増加しているときは、賃金率は上昇し、利潤率は低下し、逆に GDP が減少しているときは、賃金率は下落し、利潤率は上昇する。

(4)「大都市 vs. 地方」の利潤率について、大都市においては、人々を雇用するのに十分な資本があるので、資本家（雇用者）間の被雇用者（労働者）獲得競争が激しく、賃金率を引き上げ、利潤率を引き下げる。逆に、地方においては、人々を雇用するのに十分な資本がないので、労働者（被雇用者）間の資本家（雇用者）獲得競争が激しく、賃金率を引き下げ、利潤率を引き上

げる。

(5) スミスは「獲得可能な富の全量をことごとく獲得しつくしてしまった国、したがってそれ以上は前進もできなければ後退もしていない国では、おそらく労働の賃銀も資本の利潤も、非常に低いであろう。」（訳書Ⅰ pp. 205-206）と述べている。つまり、富裕に到達した国の賃金率・利潤率はきわめて低い。

(6) スミスは「大きい資本は、たとえ小さい利潤しかあげていなくても、一般に、大きい利潤をあげる小さい資本よりも急速に増大する。金が金を生む、という諺がある。」（訳書Ⅰ p. 203）と述べている。つまり、大きい資本は利潤率は低いが資本増大スピードは速く、小さい資本は利潤率は高いが資本増大スピードは遅い。

【利潤率の推移を市場利子率の推移によって判断】

スミスは、平均利潤率が現在どれだけであり、過去はどれだけであったかを正確に定めるのは不可能なことであるが、市場利子率の推移によって、利潤率の推移についてある判断を作り上げることは可能であると論じている。スミスは「貨幣を使用して多くの儲けがあるところではどこでもその使用にたいしてふつう多くのものが与えられ、また貨幣を使用してわずかな儲けしかないところではどこでもその使用にたいしてふつうわずかなものしか与えられない」（訳書Ⅰ pp. 195-196）と述べ、市場利子率が下がっていると利潤率も下がっている、市場利子率が上がっていると利潤率も上がっているとそれぞれ推論できうると論じている。

【最低の利潤率・利子率 vs. 最高の利潤率・利子率】

(1) 最低の利潤率 vs. 最高の利潤率：総利潤率＝純利潤率＋リスクプレミアム

スミスによれば、「総利潤率＝純利潤率（正味の利潤率）＋『特別の損失を償うために保留されるもの』」、つまり「総利潤率＝純利潤率＋リスクプレミアム」であり、スミスは、第1に「最低の通常利潤率は、資本の使用にはつきものの偶発的な損失を償うにたるものよりも、つねにいくぶん大きめでな

ければならない。」（訳書Ⅰp. 208）と述べている。上記のリスクプレミアム（「資本の使用にはつきものの偶発的な損失を償うにたるもの」）は事業のリスクプレミアム（借手のリスクプレミアム）であり、事業者（借手）が支払うことのできる利子率は純利潤率（正味の利潤率）にのみ比例している、第2に「最高の通常利潤率とは、大部分の商品の価格のなかで、土地の地代となるべき部分全部を食ってしまうような大きさであり、（中略）労働にたいしては、労働が支払われるときの最低率、つまり労働者のぎりぎりの生計に足りる賃銀が支払える分だけを残しておくような大きさである。」（訳書Ⅰpp. 209-210）と述べている。つまり、「GDP＝総賃金＋総利潤＋総地代」であり、「最高の利潤率＝（GDP－最低の総賃金）／総資本」であると論じている。

(2) 最低の利子率 vs. 最高の利子率：総利子率＝純利子率＋リスクプレミアム

　スミスによれば、「総利子率＝純利子率（正味の利子率）＋『特別の損失を償うために保留されるもの』」、つまり「総利子率＝純利子率＋リスクプレミアム」であり、スミスは「最低の通常利子率は、慎重な配慮をもって貸し付けた場合、なお貸付につきものの偶発的な損失を償うにたるものよりも、つねにいくぶん大きめでなければならない。」（訳書Ⅰpp. 208-209）と述べている。上記のリスクプレミアム（「特別の損失を償うために保留されるもの」）は貸手のリスクプレミアムであり、スミスによれば、貸手が貸手のリスクプレミアムを上乗せしない貸出は「慈善や友情が唯一の動機」の貸出である。

【利子／利潤】

　スミスは「日常の市場利子率が通常の純利潤率にたいしてとるべき割合は、利潤が上昇または下落するのにおうじて、必然的に変動する。」（訳書Ⅰp. 210）と述べている。すなわち、利子は利潤から支払われ、「利子／利潤」は当時の英国では通常は50％であったが、利潤率がきわめて低いときは50％を下回り、利潤率がきわめて高いときは50％を上回った。

　スミスは「事業が借入金で営まれる場合には、純利潤の半分が利子にまわるというのが妥当であろう。」（訳書Ⅰp. 210）と述べ、純利潤の半分は貸手

に、残りの半分は借手（事業者）に帰属すると指摘し、借手（事業者）に帰属する純利潤は「事業リスク負担に対する報償」「この資本を用いる煩わしさに対する報償」であると論じている。

【商品価格の上昇：賃金は算術級数的比率 vs. 利潤は幾何級数的比率】

スミスは「高い利潤は高い賃銀よりも製品の価格を大きく引き上げる傾向がある。」（訳書Ⅰp. 211）と述べている。スミスにおいては、製品価格は賃金・利潤・地代から構成され、さまざまな製造段階のすべてをつうじて、賃金上昇による製品価格の上昇は算術級数的比率で上昇するが、利潤増大による製品価格の上昇は幾何級数的比率で上昇する、つまり「諸商品の価格を引き上げるという点からみると、賃銀の上昇は、単利が負債の累積に作用するのと同じような仕方で作用する。これに対して利潤の上昇は、複利と同じように作用する。」（訳書Ⅰp. 212）と述べている。

ポイント

（1）利潤率は無数の偶発的な出来事からの影響を受け、非常に変動しやすい。

（2）資本の増大は労働の生産力増大をもたらすことによって賃金率を上昇させ、利潤率を低下させ、商品価格を下落させる。

（3）GDPが増加しているときは、賃金率は上昇し、利潤率は低下し、逆にGDPが減少しているときは、賃金率は下落し、利潤率は上昇する。

（4）大きい資本は利潤率は低いが資本増大スピードは速く、小さい資本は利潤率は高いが資本増大スピードは遅い。

（5）市場利子率が下がっていると利潤率も下がっている、市場利子率が上がっていると利潤率も上がっているとそれぞれ推論できうる。

（6）「総利潤率＝純利潤率＋事業のリスクプレミアム（借手のリスクプレミアム）」であり、事業者（借手）が支払うことのできる利子率は純利潤率（正味の利潤率）にのみ比例している。「総利子率＝純利子率＋貸手のリスクプレミアム」であり、貸手が貸手のリスクプレミアムを上乗せしない貸出は「慈善や友情が唯一の動機」の貸出である。

（7）「GDP＝総賃金＋総利潤＋総地代」であり、「最高の利潤率＝（GDP－最低の総賃金）／総資本」である。

（8）利子は利潤から支払われる。事業が借入金で営まれる場合には、純利潤の半分が利子にまわるというのが妥当である。純利潤の半分は貸手に、残りの半分は借手（事業者）に帰属し、借手（事業者）に帰属する純利潤は「事業リスク負担に対する報償」「この資本を用いる煩わしさに対する報償」である。

（9）製品価格は賃金・利潤・地代から構成され、さまざまな製造段階のすべてをつうじて、賃金上昇による製品価格の上昇は算術級数的比率で上昇するが、利潤増大による製品価格の上昇は幾何級数的比率で上昇する。

5　賃金・利潤の格差（第1篇第10章）

【完全自由と利益・不利益の均等化】

　スミスは、物事が自然の成行きに従うままに放任され、完全な自由が行われている社会では、第1に「労働と資本の用途が異なることから生じる利益と不利益は、これを全体としてみると、同一地方では完全に均等であるか、またはたえず均等化される傾向がある。」（訳書Ⅰp. 214）、第2に「もし同一地方で、どれか1つの職業が、そのほかの職業にくらべて明らかに利益が多いか、または少ないかするなら、前の場合には多数の人がその職業に殺到するだろうし、後の場合には多数の人がそれを見捨てるだろうから、その職業の利益は、まもなく他の職業の利益と同じ水準になるであろう。」（訳書Ⅰp. 214）と述べている。

　上記引用文中の「職業」は個人企業家であり、個人企業家は賃金と利潤の両方を得ることができる。スミスは、「しかし」ということで、「職業自体の特定の事情」「どこででも物事を完全な自由のままにしておかない、あのヨーロッパ諸国の政策」（訳書Ⅰp. 215）の2つの理由から、「労働と資本の用途が異なることから生じる利益と不利益」は均等化しない、「その職業の利益は、まもなく他の職業の利益と同じ水準」にならない、つまり賃金・利潤の格差が生じると論じている。

【各職業の利益・不利益均等化の3つの条件】

　スミスは、各職業の利益・不利益が均等化するためには、「最も完全な自由がある」という条件の他に、以下の3つの条件が必要であると論じている（訳書Ⅰ p. 242）。

(1)「これらの職業はその近隣地方でよく知られており、また長年にわたって営まれてきたものである」こと

　これに関して、スミスは、第1に新事業の賃金は旧来事業の賃金よりも高い、第2に製品需要が不安定である製造業の賃金は製品需要が安定している製造業の賃金より高い、と指摘している。

(2)「これらの職業はその通常の状態、すなわち、いわゆる自然の状態になければならない」こと

(3)「これらはそれに従事する人々にとって唯一、または主要な職業でなければならない」こと

5-1　賃金・利潤の格差：職業自体の性質から

【職業の賃金格差・利潤格差の5つの要因】

　スミスは、さまざまな職業の「金銭的利得」（賃金・利潤）のちがいを生む要因として「職業自体が快適であるかないか」「それらの職業を習得するのが簡単で安上りかそれとも困難で費用がかかるか」「それらの職業における雇用が安定しているかいないか」「その職業に従事する人たちによせられる信頼度が大きいか小さいか」「そうした職業において成功する可能性があるかないか」といった5つを挙げている（訳書Ⅰ pp. 215-216）。ただし、スミスは上記の5つの要因によって、さまざまな職業の賃金・利潤の格差を生んでも、「実際上または世評の上での利益と不利益を全体としてみれば、いかなる不公正をもひきおこしてはいない。」（訳書Ⅰ p. 241）と述べている。

　スミスは、さまざまな職業の賃金格差・利潤格差の5つの理由を指摘している。

(1) 職業の快適度

　各職業の賃金は、その職業が「やさしい vs. 苦しい」「清潔 vs. 不潔」「名

誉 vs. 不名誉」によって異なる。やさしい・清潔な・名誉な職業の賃金は低く、苦しい・不潔な・不名誉な職業の賃金は高い。スミスは「社会の進歩した状態のもとでは、他の人々が気晴らしにやっていることを職業（狩猟、漁撈—引用者注）としている人たちは、みな貧乏している。」（訳書 I p. 217）と述べている。

各職業の利潤は、「快適である vs. 快適でない」「体裁がよい vs. 体裁が悪い」によって異なる。快適である、体裁がよい職業の利潤は低く、快適でない、体裁が悪い職業の利潤は高い。スミスは「宿屋や居酒屋の経営主は、自分の家でありながら思うままに振舞うこともできず、酔っ払いたちにひどいめにあわされ、快適でもなければ名誉でもない仕事に従事している。だが、小さい資本でこれほど大きい利潤をあげるような職業は滅多にない。」（訳書 I pp. 217-218）と述べている。

(2) 職業の習得の簡単・困難

各職業の賃金は、その職業の習得の「簡単 vs. 困難」「低費用 vs. 高費用」によって異なる。習得が簡単・低費用の職業の賃金は低く、習得が困難・高費用の職業の賃金は高い。スミスは「その人が習得する仕事は、普通の労働の日常の賃銀に加えて、かれの全教育費を、少なくともそれと同等の価値ある資本の通常利潤とともに回収するだろう。」（訳書 I p. 218）と述べている[注3]。

各職業の利潤は、習得の難易にはごくわずかしか影響されない。

(3) 職業における雇用の安定性

雇用の安定性は職業によって大きい差があるとされ、各職業の賃金は、雇用の「安定 vs. 不安定」によって異なる。雇用が安定していれば賃金は低く、不安定であれば賃金は高い。スミスは「一般に安定的な雇用を提供する事業が、たまたま特定の地方で安定的な雇用を提供しなくなると、職人たちの賃銀は、つねに普通の労働の賃銀にたいする通常の割合を大きく上回って上昇する。」（訳書 I p. 222）と述べている。

各職業の利潤は、雇用の「安定 vs. 不安定」に左右されない。この理由について、スミスは「資本が恒常的に用いられているかいないかは、事業に依

存するものではなくて、事業家に依存するものだからである。」（訳書 I p. 224）と述べている。

(4) 職業従事者に対する信頼度

各職業の賃金は、その職業に従事する人たちに寄せられる「信頼度が高い vs. 信頼度が低い」によって異なる。スミスは「医師、法律家、弁護士の報酬は、その重大な信任にふさわしい社会的地位をかれらに与えるようなものでなければなるまい。」（訳書 I p. 224）と述べ、職業従事者に対する信頼度が低ければ賃金は低く、高ければ賃金は高いと論じている。

各職業の利潤は、職業従事者に対する信頼度に左右されない。スミスは「その人が他の人々からかちえる信頼は、かれの事業の性質によるものではなくて、かれの財産、誠実、慎慮についての他人の評価によるものである。」（訳書 I p. 225）と述べ、各事業における利潤率の差異は事業従事者に対する信頼の程度から生じるものではないと論じている。

(5) 職業における成功の可能性

各職業の賃金は、その職業における「成功の可能性の高い vs. 成功の可能性の低い」によって異なる。

①靴屋 vs. 弁護士

スミスは、靴屋の徒弟になれば靴作りを習得するのはほぼ確実であるが、法律の勉強をしても弁護士になれるのはきわめて不確実であると指摘し、そして、これを富くじにたとえ、当たりくじを引いた人たちが、空くじを引いた人たちが失ったところのすべてを手に入れるのが当然であるように、不確実性下、弁護士になれた人たちはなれなかった人たちの賃金を手に入れるが当然であるので、弁護士の賃金が靴屋の賃金よりはるかに高いのは自然であると論じている。

スミスは「1 人が成功するのにたいして 20 人が失敗するような職業では、その 1 人は、失敗した 20 人が手に入れるはずだったすべてを手に入れるのが当然である。」（訳書 I pp. 225-226）と述べ、さらに「法律という富くじは、完全に公平な富くじからはほど遠いものであって、それは、他の多くの自由で名誉ある職業と同じように、金銭上の儲けという点では、明らかに割に合

わない報酬なのである。」（訳書Ⅰp. 226）と述べている。

　②医師・法律家・詩人

　世間の賞賛は才能の報酬の一部を形作るものであり、報酬の大小は賞賛の
いかんに比例している。スミスは「この賞讃こそは、医師という職業では、
報酬のかなりの部分を占めており、法律を扱う職業ではおそらくなおいっそ
う大きい部分を占め、詩や哲学においてはそれがほとんど全体を占めてい
る。」（訳書Ⅰp. 227）と述べている。

　③俳優・オペラ歌手・ダンサー

　スミスは「世には楽しくて美しい才能がいくつかある。そうした才能をそ
なえていると、一種の賞讃を博することになるが、それらを金儲けのために
行使すると、理性によるか偏見によるか、どちらにせよ、一種の社会的な悪
用とみなされる。」（訳書Ⅰp. 227）と述べ、俳優・オペラ歌手・ダンサーな
どの、才能を金儲けのために行使する人々の金銭上の高額報酬は「その才能
を獲得するための時間・労力・費用に対する報償」「生計の資としてその才
能を用いる（才能を金儲けの道具にしてしまう）ことに伴う不名誉に対する報償」
の２つをともに含んでいると論じている。

　各職業の利潤は、事業の「成功の可能性の高いvs. 成功の可能性の低い」
によって異なる、つまり収益の確実・不確実に応じて変動する。これについ
て、スミスは「利潤の通常率は、多かれ少なかれ、つねに危険とともに上昇
する。けれども、それは危険に正比例して、すなわち危険を完全に償うほど
に上昇するとは思われない。」（訳書Ⅰp. 235）と述べている。

　かくて、スミスは、各職業の賃金は上記の５つの要因によって異なって
いるが、各職業の利潤は５つの要因のうちの２つ、すなわち「職業の快適
度」「成功の可能性」によって異なる（訳書Ⅰpp. 215-216）と論じ、同一社
会・同一地域では、賃金率の職業間格差は大きいが、利潤率（平均利潤率）の
職業間格差は小さいと結論づけている。

【成功・失敗のリスクと職業】

　スミスは、人間は、「一応の健康と気力があれば」（訳書Ⅰp. 229）リスク

愛好者であると指摘し、儲けるチャンスを過大評価し、損をするチャンスを過小評価すると論じ、このことから「冒険生活につきものの危険や危機一髪の脱出というようなことは、青年たちの勇気をくじくどころか、かれらがその職業を選ぶことをしばしばうながすようにみえる。」（訳書Ⅰp. 234）と述べている。つまり、青年は成功・失敗のリスクの高い職業をあえて選ぶ性向があるのである^(注4)。

【利潤率がリスクを完全に償うものであれば破産は頻発しない】

スミスは、利潤率が危険を完全に償うものである、すなわち、利潤率が「資本の通常利潤」「損失全部の埋め合わせ」「保険業者の利潤と同一性質の余剰利潤」のすべてを含んでいれば、破産は頻発することはないと論じている（訳書Ⅰpp. 235-236）。

【「賃金とみなすべきもの」vs.「利潤とみなすべきもの」】

スミスは、例えば薬剤師・食料雑貨商などの職業においては、賃金とみなすべきものと、利潤とみなすべきものとを必ずしも区別できないことから、薬剤師・食料雑貨商などの職業の利潤を「外見上の利潤」と呼び、薬剤師の利潤は「この外見上の利潤の大部分は、利潤という衣で偽装された事実上の賃銀にほかならない。」（訳書Ⅰp. 237）、食料雑貨商の利潤は「外見上の利潤の大部分は、ここでもまた事実上の賃銀なのである。」（訳書Ⅰp. 238）と述べている。

【投機的な商人】

大都市では、正規の、基礎の確立した、世間周知の事業で巨額の利潤を得ることは滅多に起こらないが、「投機」によって、予期もしない利潤が一朝にして得られることはよくある。投機的な商人は、正規の、基礎の確立した、世間周知の事業では仕事をせず、普通以上に利潤があるらしいということが予期される場合にはどんな事業にも手を出す。スミスは、投機的事業は「大都市以外の場所ではとても営むことはできない。それに必要な情報が手には

いるのは、最も大規模な商業と通信が発達している場所にかぎられるからである。」（訳書Ⅰp. 241）と述べている。

5-2　賃金・利潤の格差：ヨーロッパ諸国の政策から

【各職業の賃金格差・利潤格差を生む3つの要因】

　スミスは、ヨーロッパ諸国の政策は「最も完全な自由がある」という条件を満たしていないと論じ、各職業の利益・不利益の不均等化をさらに拡大させている要因として、「ある種の職業における競争を制限して、そうでなければこれらの職業に就きたがる人々の数を制限すること」「他の職業での競争を、そうでなければ自然に行なわれる以上に増大させること」「職業から職業へ、地方から地方への、労働と資本の自由な流通を妨げること」といった3つを挙げている（訳書Ⅰp. 251）。

　職業の賃金格差・利潤格差を生む3つの要因は以下のとおりである。

（1）職業への参入制限

　ヨーロッパ諸国の政策（同業組合の排他的特権など）は、ある種の職業では競争を少人数に制限し、自由であればこの職業に入り込もうとする者の数を少なくすることによって、各職業の利益・不利益の不均等を引き起こしている。スミスは、同業組合の排他的特権（徒弟制度）に対しては批判的であり、以下のことを指摘している。

　①スミスは「貧しい人が親からゆずられた財産は、自分の両手の力と技能のうちにある。そして、かれがこの力と技能とを、隣人を害することなしに、自分が適切と思う方法で用いるのを妨げることは、この最も神聖な財産の侵害であることは明らかである。（中略）ある人が雇われるのにふさわしいかどうかの判断は、その利害に大きい関心をもつ雇主たちの分別にゆだねておいてまちがいはない。かれらが適当でない人物を雇ったりしないように、という立法者のよけいな心配は、明らかに行きすぎであり、またさしでがましいことでもある。」（訳書Ⅰpp. 257-258）と述べ、徒弟制度は職人および職人を雇用しようとする人々の正当な自由に対する侵害であると論じている。

　②スミスは、長期徒弟修業制度は、第1に「不完全な出来ばえの制作品

が市場に出回ることがあるのを防ぐ保証となるものではない。それが市販されるのは、ふつうは詐欺のせいであって、職人の無能のせいではない。」（訳書Ⅰp. 258）、第2に「青年を勤勉にしたてあげるという効果はない。（中略）若い人は、長いあいだその労働からなんの利益を受けないでいると、労働に嫌悪の情をいだくのが自然である。」（訳書Ⅰpp. 258-259）と述べ、長期にわたる徒弟修業はまったく不必要であると論じている。

③スミスは、同業組合制度は自由競争を制限することによって、「自由競争が確実にひきおこす価格の低落、またしたがって賃銀と利潤の低落を防止する」（訳書Ⅰp. 261）と述べている。

(2) 職業上の過熱競争

各職業の利益・不利益の不均等化をさらに拡大する第1の条件は「職業上の競争制限」であったが、第2の条件はこれとは逆で「職業上の過熱競争」である。スミスは「教師という職業には公共の費用で育成された貧しい人々がむらがるのにたいし、法律家や医師という職業では、自費で教育を受けた人たちで席がほとんどいっぱいになる」（訳書Ⅰp. 277）と述べ、公共の費用で教育を受けるならば競争が激しくなり、競争は教師たちの労働の価格（賃金）と人格に対する賞讃を低下させると論じ、さらに、「公共の教師vs. 法律家・医師」の利益・不利益の不均等は、学芸上の教育を安価にすることにより、社会にとっては有益であると論じている^(注5)。

(3) 労働・資本移動の不完全性

各職業の利益・不利益の不均等化をさらに拡大する第3の条件は、職業から職業へ、1つの場所からもう1つの場所への、労働・資本の自由な移動を妨げることである。

【都市（製造業・商業）vs. 農村（農業）】

スミスは、「都市（製造業・商業）vs. 農村（農業）」の対立軸で、以下のことを指摘している。

(1) 売手は市場をつねに供給不足にしておくことによって利益を得ようとする。都市内部での各階級間の相互取引では、どの階級も損をすることはな

いが、「都市 vs. 農村」では、都市はつねに得をし、農村はつねに損をしている。スミスは「いかなる都市をも維持し富ませる商業のすべては、農村との取引のなかにあったのである。」（訳書Ⅰ p. 263）と述べている。

（2）都市の住民は狭い地域に住んでいるので団結・組合化しやすく、農村の住民は広い地域に住んでいるので団結・組合化しにくいことから、「都市で営まれる産業 vs. 農村で営まれる産業」では、都市で営まれる産業（製造業・商業）は農村で営まれる産業（農業）より有利である[注6]。

（3）「都市の賃金・利潤 vs. 農村の賃金・利潤」では、都市の賃金・利潤は農村の賃金・利潤よりも高い。

（4）労働・資本は最も有利な用途を探し求めるので、労働・資本は都市へ流入し、農村から流出する。しかし、資本が増大すると競争が激しくなり、資本の利潤率は低下する。都市における資本利潤率の低下は、農村を犠牲にして蓄積された大量の資本の一部を都市から農村へ押し出し、農村は資本が用いられることによって改善される。

（5）輸入関税により外国人の自由競争による製品の値崩れを防ぐことができ、都市の産業（製造業・商業）は農村の産業（農業）より有利である。スミスは「この両方（同業組合法と輸入関税—引用者注）からひきおこされる価格の上昇は、結局はどこででも、農村の地主、農業者、労働者によって負担されるのであるが、しかもかれらは、こうした独占の確立に反対したことは滅多にないのである。」（訳書Ⅰ p. 268）と述べている。

【同業組合】

　スミスは、同業者の集まりは気晴らしのためであるといっても、会話はきまって社会公共に対する陰謀であると指摘し、さらに「同業組合は職業をいっそうよく管理するうえに必要だという主張には、なんの根拠もない。職人にたいして課される実質的で有効な訓練は、かれが属する同業組合のそれではなく、実は顧客たちが職人に課す訓練なのである。職人たちが詐欺行為を抑制し、怠慢をあらためるのは、顧客たちによる雇用の道がなくなることを恐れるからである。」（訳書Ⅰ p. 271）と述べている。

（1）各職業の賃金は、第1にやさしい・清潔な・名誉な職業であれば低く、苦しい・不潔な・不名誉な職業であれば高い。第2に習得が簡単・低費用であれば低く、困難・高費用であれば高い。第3に雇用が安定していれば低く、不安定であれば高い。第4に職業従事者に対する信頼度が低ければ賃金は低く、高ければ賃金は高い。第5に成功の可能性が高ければ低く、低ければ高い。

（2）各職業（個人企業者）の利潤は、第1に快適である、体裁が良いのであれば低く、快適でない、体裁が悪いのであれば高い。第2に習得の難易にはごくわずかしか影響されない。第3に身分の「安定 vs. 不安定」に左右されない。第4に職業従事者に対する信頼度に左右されない。第5に成功の可能性が高ければ低く、低ければ高い。

（3）才能を金儲けのために行使する人々の金銭上の高額報酬は「その才能を獲得するための時間・労力・費用に対する報償」「生計の資としてその才能を用いることに伴う不名誉に対する報償」の2つをともに含んでいる。

（4）同一社会・同一地域では、賃金率の職業間格差は大きいが、利潤率（平均利潤率）の職業間格差は小さい。

（5）長期徒弟修業制度は、青年を勤勉にしたてあげるという効果はない。というのは、若い人は、長いあいだその労働からなんの利益を受けないでいると、労働に嫌悪の情をいだくのが自然であるからである。したがって、長期にわたる徒弟修業はまったく不必要である。

（6）都市の住民は狭い地域に住んでいるので団結・組合化しやすく、農村の住民は広い地域に住んでいるので団結・組合化しにくいことから、都市で営まれる産業（製造業・商業）は農村で営まれる産業（農業）より有利である。都市内部での各階級間の相互取引では、どの階級も損をすることはないが、「都市 vs. 農村」では、都市はつねに得をし、農村はつねに損をしている。都市の賃金・利潤は農村の賃金・利潤よりも高い。

（7）労働・資本は最も有利な用途を探し求めるので、労働・資本は都市へ流入し、農村から流出する。資本が増大すると競争が激しくなり、資本の利潤率は低下する。都市における資本利潤率の低下は、農村を犠牲にして蓄積された大量の資本の一部を都市から農村へ押し出し、農村は資本が用いられることによって改善される。

6 土地の地代（第1篇第11章）

【「地代 vs. 『自然の地代』」の定義】

スミスは、「地代」を「土地の使用にたいして支払われる価格」「借地人がその土地の現実の状態のもとで支払うことのできる最高の価格」（訳書 I p. 301）と定義している。

スミスは、「自然の地代」を「大部分の土地をそれだけの地代で貸してもいいととうぜん考えられる場合の地代」（訳書 I p. 302）と定義している。

【「改良されていない土地 vs. 改良された土地」の地代】

スミスによれば、地主は、改良されていない土地に対してさえ地代（「本来の地代」）を要求し、土地の改良に対して見込まれる報酬（土地改良のために投下された資本の利潤・利子）は「本来の地代」に上乗せされる。

土地の改良は、地主の資本によっても、借地人の資本によってもなされることがある。しかし、借地契約の更新時には、地主は、土地改良はすべて地主の資本でなされたものであるかのように、地代の増加を要求する。

【「賃金・利潤は原因 vs. 地代は結果」：商品価格】

商品生産への投入が労働、資本、土地であるときは、商品の価格は労働者に対する労働賃金、資本提供者に対する資本利潤および地主に対する地代から構成される。スミスは、しかし注意しなければならないことはと言って、賃金・利潤の高い・低いは商品価格の高低の原因であるが、逆に地代の高い・低いは商品価格の高低の結果であると論じている。

【第11章の構成：地代を生じる vs. 地代を生じない】

「商品価格＝賃金＋利潤＋地代」であり、「商品価格＞（賃金＋利潤）」ならばプラスの地代が生じ、「商品価格＜（賃金＋利潤）」ならば地代が生じない、という意味で、地代の高い・低いは商品価格の高低の結果である。第11章

は「地代を生じる vs. 地代を生じない」についての章であり、以下の3つの節からなっている。

第1節　つねに地代を生じる土地生産物について

第2節　ときには地代を生じ、ときにはそれを生じない土地生産物について

第3節　つねに地代を生じる種類の生産物と、ときには地代を生じときにはそれを生じない種類の生産物との、それぞれの価値のあいだの比率の変動について

【人間の三大欲望と地代：食、衣、住】

スミスによれば、「食（食物）」「衣（衣服）」「住（住居）」は人間の三大欲望であり、食物・衣服・住居はすべて土地からの生産物である。スミスは「人間の食物は、つねに、そしてかならず、地主に多少なりとも地代をもたらす唯一の土地生産物であるように思われる。他の種類の生産物（衣服・住居—引用者注）はこれと事情を異にして、地代を生じることもあれば生じないこともある。」（訳書Ⅰ p. 335）と述べている。つまり、食物は「つねに地代を生じる土地生産物」であり、衣服・住居は「ときには地代を生じ、ときには地代を生じない土地生産物」である。

6-1　地代をつねに生じるとき：食物

【「都市周辺の農地 vs. 遠隔地の農地」の地代：土地の位置】

地代は、その土地の生産物が何であれ、「土地の位置」「土地の豊度」によって異なる。遠隔地の農地の地代は、都市周辺の農地の地代よりも2つの理由で低い。第1の理由として、スミスは「どちらの土地を耕すにも、そのための労働には大きい差はないだろうが、遠隔地の生産物を市場へもたらすためにはより多くの労働が用いられるだろう。」（訳書Ⅰ p. 309）と述べている。つまり、「地代＝商品価格−（賃金＋利潤）」であり、遠隔地の農地は生産物を都市に輸送するのに労働、したがって賃金を要するので、遠隔地の農地の地代は低い。第2の理由は遠隔地の利潤率は都市周辺の利潤率よ

り高いので、遠隔地の農地の地代は低い^(注7)。

【土地改良と「農業者の利潤 vs. 地主の地代」】

スミスによれば、生産に適するように土地を改良する必要のある生産物（ホップ、果樹、野菜など）があり、土地改良の1つは「土地に多額の投資をして基礎的改良を施すか」、もう1つは「土地に年々多額の耕作費をかけるか」のいずれかである。スミスは、土地に多額の投資をすればより多くの「地主の地代」を生み、土地に年々多額の耕作費をかければより多くの「農業者の利潤」を生むと論じている。

6-2　地代を生じたり、生じなかったりするとき：衣服・住居
【「原始未開の状態 vs. 土地の改良が進んだ状態」と地代】

スミスによれば、原始未開の状態では、土地は衣服・住居の材料を過大に供給していたので、衣服・住居の材料価格は低くなり、「衣服・住居の材料価格－（賃金＋利潤）＝地代＜0」であった。土地の改良が進んだ状態では、土地は衣服・住居の材料を過小に供給することもありえたので、衣服・住居の材料価格は高くなり、「衣服・住居の材料価格－（賃金＋利潤）＝地代＞0」であった。

【「衣服 vs. 住居」と地代】

スミスによれば、衣服・住居は「ときには地代を生じ、ときには地代を生じない土地生産物」である。一方、衣服の材料は国内の遠方へ輸送できるし、また外国へ輸出できるので、もし衣服の材料を国内の遠方へ輸送し、また外国へ輸出するならば、国内・国外で需要を見出し、衣服の材料価格は高くなり、「衣服の材料価格－（賃金＋利潤）＝地代＞0」である。他方、住居の材料は国内の遠方へ輸送できるものではないし、また国外へ輸出できるものではないので、住居の材料が過大生産になると、住居の材料価格は低くなり、「住居の材料価格－（賃金＋利潤）＝地代＜0」であった。

【食物 vs. 衣服・住居】

　土地の改良によって、1人の労働で2人分の食物を生産できるようになると、社会の半数の労働で社会全体が必要とする食物を生産できるようになるので、社会の他の半数は食物以外のモノを供給する仕事に、すなわち人間の三大欲望「食、衣、住」のうちの食以外の欲望を満たす仕事に従事することができる。

　「富裕者 vs. 貧困者」の食物に対する欲望は、富裕者・貧困者はともに胃の腑の容量に限りがあるので消費の量に関してはほぼ同じであるが、消費の質に関しては大いに異なっている。「富裕者 vs. 貧困者」の衣服・住居に対する欲望は、消費の量・質ともに大いに異なっている。

【「炭坑 vs. 金属鉱山」と地代】

　スミスは、「炭坑 vs. 金属鉱山」について、「炭坑の所有者にとってその炭坑の価値は、その豊度に依存するのと同時に、その位置に依存することが多い。だが、金属鉱山の価値は、その豊度に依存することは多いけれど、その位置に依存することははるかに少ない。」（訳書 I pp. 346-347）と述べている。すなわち、炭坑の生産物（石炭など）のマーケットはローカルで、非競争的であるが、金属鉱山の生産物（金、銀など）のマーケットはグローバルで、競争的である。したがって、互いに遠く離れている炭坑の生産物（石炭など）は決して競争し合うことにはならないが、金属鉱山の生産物（金、銀など）については、最も遠く離れている鉱山の間でも競争が起こると論じている。

　スミスは「すべての鉱山におけるあらゆる金属の価格は、現に採掘されている世界きっての産出力に富む鉱山での金属の価格によってある程度規制されるものである。」（訳書 I p. 348）ということから、「炭坑・金属鉱山の生産物価格−（賃金＋利潤）＝地代≒0」つまり、炭坑・金属鉱山の地代はほとんどゼロであると論じている[注8]。

【貴金属の「最低価格 vs. 最高価格」】

　貴金属の最低価格（販売されうる最低価格：供給価格）は「賃金＋利潤」によっ

て、貴金属の最高価格は貴金属の「希少 vs. 豊富」によってそれぞれ決定される。

　貴金属に対する需要は、１つは効用から、もう１つは美しさから生じ、スミスは、有用性、美しさ、希少性の３つが貴金属の高価格の理由であると論じている。

【「貴金属 vs. 宝石」と地代】
　貴金属に対する需要は有用性と美しさの２つの性質から生じるが、宝石に対する需要は美しさのみから生じ、美しさの効用は希少性（鉱山から宝石を得る費用）によって大いに高められる。

　貴金属・宝石の価格はともにほとんど「賃金＋利潤」であり、貴金属・宝石を生む鉱山の地代はほぼゼロである。ただし、スミスは「貴金属でも宝石でもそのどれかの鉱山が所有者に提供する地代は、その鉱山の絶対的豊度に比例するのではなく、同種の他鉱山にたいするその鉱山の優越の度、すなわち相対的豊度に比例するのである。」（訳書Ⅰp. 356）と述べている。

6-3　地代をつねに生じる生産物の価値と、地代を生じたり、生じなかったりする生産物の価値との間の比率について：食物 vs. 衣服・住居

【土地生産物：「つねに地代を生じる」vs.「ときには地代を生じ、ときには地代を生じない」】
　食物は「つねに地代を生じる土地生産物」であり、衣服・住居は「ときには地代を生じ、ときには地代を生じない土地生産物」である。土地の改良が進めば、食物の生産量はますます増え、これは衣服・住居に対する需要を増大させる。かくて、土地の改良が進めば、「ときには地代を生じ、ときには地代を生じない土地生産物」（衣服・住居）の価値は、「つねに地代を生じる土地生産物」（食物）の価値に比例して上昇する。

（1）地主は、改良されていない土地に対してさえ地代（「本来の地代」）を要求し、土地の改良に対して見込まれる報酬（土地改良のために投下された資本の利潤・利子）は「本来の地代」に上乗せされる。

（2）賃金・利潤の高い・低いは商品価格の高低の原因であるが、逆に地代の高い・低いは商品価格の高低の結果である。「商品価格＝賃金＋利潤＋地代」であり、「商品価格＞（賃金＋利潤）」ならばプラスの地代が生じ、「商品価格＜（賃金＋利潤）」ならば地代が生じない、という意味で、地代の高い・低いは商品価格の高低の結果である。

（3）食物は「つねに地代を生じる土地生産物」であり、衣服・住居は「ときには地代を生じ、ときには地代を生じない土地生産物」である。

（4）「地代＝商品価格－（賃金＋利潤）」であり、遠隔地の農地は生産物を都市に輸送するのに労働、したがって賃金を要するので、遠隔地の農地の地代は低い。遠隔地の利潤率は都市周辺の利潤率より高いので、遠隔地の農地の地代は低い。

（5）炭坑の生産物（石炭など）のマーケットはローカルで、非競争的であるが、金属鉱山の生産物（金、銀など）のマーケットはグローバルで、競争的である。互いに遠く離れている炭坑の生産物（石炭など）は決して競争し合うことにはならないが、金属鉱山の生産物（金、銀など）については、最も遠く離れている鉱山の間でも競争が起こる。「炭坑・金属鉱山の生産物価格－（賃金＋利潤）＝地代≒０」つまり、炭坑・金属鉱山の地代はほとんどゼロである。

（6）貴金属の最低価格（販売されうる最低価格：供給価格）は「賃金＋利潤」によって、貴金属の最高価格は貴金属の「希少 vs. 豊富」によってそれぞれ決定される。貴金属・宝石の価格はともにほとんど「賃金＋利潤」であり、貴金属・宝石を生む鉱山の地代はほぼゼロである。

7 労働者、資本家、地主の利害（第1篇第11章）

【社会状態の改善と地代】

　社会状態の改善は、第1に直接に「真の地代」を引き上げる。つまり土地の改良と耕作の拡大は土地の原生産物を増大させ、土地の原生産物に対す

る地主の分け前（地代）を引き上げる。第2に間接に「真の地代」を引き上げる。つまり、労働生産力の増大は直接には製造品（便益品、装飾品、奢侈品）の真の価格を引き下げるが、間接には「真の地代」を引き上げる。

【3 大階級の利害：賃金で生活する人、利潤で生活する人、地代で生活する人】

スミスによれば、「年々の生産物の全価格は、（中略）土地の地代、労働の賃銀、資本の利潤という3つの部分に自然に分れ、3つのちがった階級の人々、すなわち地代で生活する人々、賃銀で生活する人々、利潤で生活する人々の収入を構成する。」（訳書 I p. 490）と述べている。つまり、地代で生活する人、賃金で生活する人、利潤で生活する人はあらゆる文明社会の3つの大きな基本的構成要素をなす階級である。

(1) 賃金で生活する人

賃金で生活する人の利害は社会の一般的な利害と密接不可分に結びついている。スミスは「土地所有者の階級は、おそらく社会の繁栄によって、労働者の階級よりもいっそう多く利得するであろうが、社会の衰退によって、労働者の階級くらいひどく苦しむ階級はほかにはない。」（訳書 I p. 492）と述べている（注9）。

(2) 利潤で生活する人（雇主）

利潤で生活する人（雇主：商人、親方製造業者など）の利害は、公共社会の利害と対立することさえある。つまり、市場を拡大しかつ競争を制限することは利潤で生活する人の利益である。市場を拡大することは公共社会の利益と十分に一致することがしばしばあるが、競争を制限することはつねに公共社会の利益に反する。雇主（資本の使用者：商人、親方製造業者など）の計画・企画は労働を規制・指導するが、スミスは「利潤の率は、地代や賃銀のように、社会の繁栄とともに上昇し、その衰退とともに低落するというものではない。むしろ反対に、利潤の率は富裕な国では低く、貧しい国では高いのが自然であり、また、急速に破滅に向いつつある国では、それはつねに最も高いのである。」（訳書 I p. 493）と述べている。

（3）地代で生活する人

地代で生活する人は無知であり、その利害は社会の一般的な利害と密接不可分に結びついている。

ポイント

（1）土地の改良と耕作の拡大は土地の原生産物を増大させ、土地の原生産物に対する地主の分け前（地代）を引き上げる。

（2）労働生産力の増大は直接には製造品（便益品、装飾品、奢侈品）の真の価格を引き下げるが、間接には「真の地代」を引き上げる。

（3）地代で生活する人、賃金で生活する人、利潤で生活する人はあらゆる文明社会の3つの大きな基本的構成要素をなす階級である。「地代で生活する人々」と「賃金で生活する人々」の利害はともに公共社会の利害と密接不可分に結びついている。「利潤で生活する人々」にとっては「市場の拡大」と「競争の制限」は利益であり、「市場の拡大」は公共社会の利益と一致するが、「競争の制限」はつねに公共社会の利益に反するので、利潤で生活する人々の利害は公共社会の利害と対立することがある。

注

（注1）ただし、スミスは「耐久性のある財に支出する経費の場合、（中略）軽薄な品物（安っぽい飾り物など―引用者注）に向けられた場合には、ただ軽薄だというだけでなく、いやしい利己的な性向を示すことがしばしばある。」（訳書 I pp. 652-653）と述べている。

（注2）賃金が上昇すると商品価格が必然的に上昇し、商品価格上昇は商品需要を減少させる。賃金が下落すると商品価格が必然的に下落し、商品価格下落は商品需要を増大させる。

（注3）「熟練労働の賃金＞普通労働の賃金」であり、ヨーロッパ諸国の政策は機械工・手工業者・製造工の労働を熟練労働、農村労働者の労働を普通の労働とみなしているが、スミスは機械工・手工業者・製造工の労働が普通の労働、農村労働者の労働が熟練労働であると論じている。

（注4）これに関連して、スミスは「保険業でいくらかの金儲けをした人は多数いるが、それで大きい財産をこしらえた人は非常に少ない。」（訳書 I p. 230）と述べ、つまり、火災保険・海上保険の業者の利潤がきわめて穏当であると論じている。というのは、人は損をするチャンスを過小評価し、つまり危険をあまりに軽視し、それだけを支払っておけば危険を保障してもらえ

るものと期待していい最低価格しか支払わないからである。

（注5）スミスは「印刷術が発明されるまでは、学徒と乞食とはほとんどおなじ意味の言葉であったように思われる。その当時までの大学の総長たちは、かれらの学生にたいして、乞食をすることの免許状を与えたことがしばしばあったらしい。」（訳書Ⅰp. 277）と述べている。

（注6）さらに、都市の産業は同業組合法のおかげで同国人の自由競争による製品の値崩れを防いでいる。スミスは「農業労働の賃金＜機械工の賃金」に不満であり、「美術や自由職業とよばれるものに次いで、この職業（農業）ほど種々さまざまな知識と経験を必要とするものは、おそらくないだろう。（中略）だから、シナやインドでは、農村労働者の身分と賃銀はともに、大部分の手工業者や製造業者よりも勝っているという話である。もし同業組合法と同業組合精神によって妨げられなければ、おそらくどこでもこのようになるであろう。」（訳書Ⅰpp. 266-268）と述べている。

（注7）スミスは「良い道路、運河、航行可能な河川は、輸送費を減少させるので、遠隔地の農村を都市周辺の土地とほぼ同格なものにする。この点で、これはあらゆる進歩のなかで最もすぐれたものだといえる。」（訳書Ⅰp. 309）と述べ、交通インフラの整備は都市周辺にある農村地帯の独占を破壊するので、都市にとっても、都市周辺の農村にとっても好都合であると論じている。スミスは「独占は良い経営にとっての大敵である。」（訳書Ⅰp. 309）と述べ、良い経営は、普遍的で自由な競争の結果としてのみ達成されると論じている。

（注8）なお、『国富論』には「日本」も登場する。スミスは『国富論』第11章の貴金属・卑金属の話の中で「日本の銅はヨーロッパ市場で商品になっているし、（中略）日本における銅の価格は、ヨーロッパの銅山における価格に幾分か影響をあたえるにちがいない。」（訳書Ⅰp. 347）と述べている。

（注9）スミスは「労働者の生活状態は、必要な情報を得るための時間をかれに与えないし、またかれの教育と習慣は、たとえかれが十分な情報を得たとしてもそれを判断する力のない者にしてしまうのが普通なのである。したがって、公共的なものの審議にあたっては、労働者の声はほとんど聞かれず、その声はあまり尊重もされない。」（訳書Ⅰp. 492）と述べている。

第2章　貨幣・金融と価格

（第1篇第4〜7, 11章、第2篇序論, 第1, 2章、第4篇第3, 5〜7章）

【『国富論』の「第1篇のミクロ vs. 第2篇のマクロ」】

『国富論』第1篇は暗黙のうちにミクロ経済学ベースで、第2篇は明示的にマクロ経済学ベースでそれぞれ議論を行っている。

『国富論』第2篇は、「序論」と以下の5つの章から構成されている。

第1章　資本の分類について

第2章　社会の総資財の一特定部門とみなされる貨幣について、すなわち、国民資本の維持費について

第3章　資本の蓄積について、すなわち、生産的労働と不生産的労働について

第4章　利子をとって貸し付けられる資本について

第5章　資本のさまざまな用途について

1　貨幣（第1篇第4, 5章、第2編第1章、第4篇第6章）

【貨幣の2つの機能：「商業の用具」と「価値の尺度」】

スミス『国富論』第4篇第6章は「貨幣というものは、それを扱うすべての人が商人となる特別の商品なのである。これを再び売るため以外には買う者はいないし、したがってまた、貨幣にかんしては、普通の場合、最終購買者ないし消費者というものはいないのである。」（訳書 II p. 343）と述べている。

スミス『国富論』第2編第1章は、貨幣の機能として「商業の用具」（一般的交換・支払手段）、「価値の尺度」（一般的価値尺度手段）の2つを挙げている

（訳書Ⅰp. 103）。

【貨幣はなぜ誕生したのか：一般的交換・支払手段としての貨幣】

　アダム・スミスと言えば「分業」である。スミス『国富論』の論理は、一国を豊かにするためには労働生産性の向上が必要であり、労働生産性向上のためには「分業」が必要であり、分業を成立させるためには一定の市場規模が必要であり、そして市場が機能するためには「貨幣」が必要であるというものである。

　スミスは貨幣の歴史を詳論し、「貨幣がすべての文明国民において商業の普遍的用具となったのは、このようにしてであって、この用具の媒介によって、すべての種類の財貨は売買され、相互に交換されるようになったのである。」（訳書Ⅰp. 76）と述べ、一般的交換・支払手段としての貨幣が交換取引を円滑にさせていると論じている。

【金・銀・銅の鋳貨（本位貨幣を作った金属）：価値尺度としての貨幣】

　人々はいくつかの異なった金属を貨幣に鋳造するのが便利であると知るようになった。すなわち、金は大口支払い、銀は中口支払い、銅は小口支払いのためにそれぞれ鋳造されるようになった。そして、人々は、金・銀・銅のうちの１つを価値の尺度として取り扱うようになり、価値の尺度としてみなされた金属（本位貨幣を作った金属）から作られた鋳貨のみが「支払上の法貨」となった。スミスは「ある特定の国の貨幣が、ある特定の時と所でどの程度正確な価値の尺度となるかは、流通鋳貨がその品位量目の標準にどの程度正確に一致するか、いいかえると、それが含有すべき純金または純銀の正確な量をどの程度正しくふくんでいるかによる。」（訳書Ⅰp. 109）と述べている。

　価値の尺度としてみなされた金属から作られた鋳貨と、価値の尺度としてみなされなかった金属から作られた鋳貨の間の交換比率ははじめは市場において決定されたが、やがて法律で決定されるようになった。

【鋳貨としての金 vs. 地金としての金】

スミスによれば、「貨幣鋳造を奨励する法律は、重商主義によって持ち込まれた通俗的偏見にそもそも由来するもの」であり（訳書Ⅱ p. 346）、スミスは「鋳貨としての金は地金としての金よりも便利であり、（中略）手間がかかることは少額の造幣手数料をかけられるのと同じことで、そのため、鋳貨としての金は地金としての等量の金よりもいくらか高価となる。」（訳書Ⅰ p. 107）と述べている。「鋳貨としての金の価値＞地金としての金の価値」であれば、鋳貨の鎔解は防止され、また鋳貨の輸出は阻止される(注1)。

【貨幣の価値は 2 種類の変動を被る】

貨幣の価値は次の 2 種類の変動を被る。

(1) 同一名称の鋳貨に含まれる金・銀の量が変化する。

(2) 金・銀の価値が変化する。

> ┌ ポイント ─────────────────────
> (1) 貨幣に関しては、最終購買者ないし消費者というものはいない。貨幣の機能には「商業の用具」（一般的交換・支払手段）と「価値の尺度」（一般的価値尺度手段）の 2 つがある。
> (2) 金は大口支払い、銀は中口支払い、銅は小口支払いのためにそれぞれ鋳造されるようになった。人々は、金・銀・銅のうちの 1 つを価値の尺度として取り扱うようになり、金属（本位貨幣を作った金属）から作られた鋳貨のみが「支払上の法貨」となった。
> (3) 貨幣は「同一名称の鋳貨に含まれる金・銀の量が変化する」「金・銀の価値が変化する」といった 2 種類の変動を被る。

2　商品の価値・価格（第 1 篇第 4, 5 章）

【商品の 2 つの価値：使用価値 vs. 交換価値】

スミスは、商品の「価値」には、「使用価値」と「交換価値」の 2 つがあると指摘している。すなわち、「使用価値」は「ある特定の対象物の効用」、

「交換価値」は「その所有から生じる他の財貨にたいする購買力」をそれぞれ意味している。使用価値の高い財貨（たとえば水）が交換価値が低いことがあり、これとは反対に、使用価値の低い財貨（たとえばダイヤモンド）が交換価値が高いことがある。

【商品の交換価値の3つの尺度：労働、金・銀、穀物】

　スミスは、商品の交換価値の尺度として、労働、金・銀、穀物を取り上げている。

（1）労働：商品の「真の価格（労働価格）」

　スミスは、商品の交換価値は「その商品でかれが購買または支配できる他人の労働の量に等しい。」（訳書Ⅰp. 82）と述べている。スミスは、商品の交換価値の真の尺度はそれ自身の価値が不変でなければならないと論じ、「労働だけが、それ自身の価値がけっして変動することのないために、すべての商品の価値を、時と場所の如何を問わず、評価し比較することのできる究極で真の基準である。」（訳書Ⅰpp. 87-88）と述べている。つまり、商品Aの生産に投入された労働の質・内容と商品Bの生産に投入された労働の質・内容は異なるかもしれないが、商品A、Bの生産にそれぞれ投入された労働の価値は時と所の如何を問わず不変であることから、労働がすべての商品の交換価値の真の尺度（真の価格）であると論じている。スミスが「労働は商品の交換価値の真の尺度である」というとき、商品の交換価値は1つには生産に投入される労働量によって測られる、もう1つには商品と交換される（商品によって購買される）労働量によって測られるというものである。商品Aと商品Bが等価交換されるのは、商品A、Bが等しい労働量の価値を含んでいるとみなされるからである。ただし、商品Aの生産に投入された労働の質・内容と商品Bの生産に投入された労働の質・内容は異なりうるので、商品A、Bそれぞれに投入された労働量の価値を比較するのは困難である。

（2）金・銀：商品の「名目上の価格（貨幣価格）」

　スミスは「すべての商品は、労働とよりも、他の諸商品と交換され、それらと比較される場合のほうがいっそう多い。したがって、商品の交換価値を

はかるには、その商品で購買しうる労働の量によるよりも、それで購買しうる他のある商品の量によるほうが自然である。（中略）しかし、物々交換がやんで、貨幣が商業の共通用具になってくると、すべての商品はどれか他の商品と交換されるよりも、貨幣と交換される場合がいっそう多くなる。」（訳書Ⅰp. 85）と述べている。つまり、商品の交換価値は、それと交換に入手できる「労働の量」「他のある商品の量」によって測られるよりも「貨幣の量」によって測られることが一般的である。ただし、スミスは、金・銀の価値はすべての他の商品と同じように変動するので、貨幣（金・銀）は商品の交換価値の真の尺度にはなりえないと論じている。

(3) 穀物

かくて、スミスは、第１に「労働が唯一の正確な価値尺度であることはもちろん、唯一の普遍的な価値尺度でもあること、いいかえると労働が、いついかなるところでも、さまざまな商品の価値を比較することのできる唯一の標準であることは明白であると思われる。」（訳書Ⅰp. 93）と述べ、労働は商品の交換価値の、長期の場合も、短期の場合も、唯一の正確な尺度である、第２に労働は商品の「真の価格」、貨幣は商品の「名目上の価格」であり、同一の時と所では、商品の「真の価格」と商品の「名目上の価格」は相互に正確に比例しているので、貨幣は商品の交換価値の正確な尺度である、第３に離れた場所では、商品の「真の価格」と商品の「名目上の価格」の間には規則的な比率はないので、貨幣は商品の交換価値の正確な尺度ではないが、時と所の如何にかかわらず「価格にかかわりのあるすべての日常的な業務を規制するものは、財貨の名目上の価格または貨幣価格にほかならない。」（訳書Ⅰp. 96）、第４に同一の「真の価格」はつねに同じ価値をもつが、同一の「名目上の価格」は、金銀の価値が変動するために、非常に異なった価値をもつことがある、第５に「金・銀 vs. 穀物」について、長期では、穀物は金・銀よりも同一量の労働を支配するので、金・銀よりもすぐれた価値尺度である、第６に「金・銀 vs. 穀物」について、短期では、金・銀は穀物よりも同一量の労働を支配するので、穀物よりもすぐれた価値尺度である、と論じている。

【労働の「真の価格 vs. 名目上の価格」：実質賃金 vs. 名目賃金】

　スミスは、労働と交換に与えられる生活必需品・生活便益品の量を「労働の真の価格」、労働と交換に与えられる貨幣の量を「労働の名目上の価格」とそれぞれ呼び（訳書Ⅰp. 88)、「労働者が富んでいるか貧しいか、その報酬がよいかわるいかは、かれの労働の真の価格に比例しているのであって、その名目上の価格に比例しているのではない。」（訳書Ⅰp. 88)と述べている。つまり、労働者の報酬の高低は「名目賃金」ではなく「実質賃金」で判断されるべきであると論じている。

ポイント

（1）商品の「価値」には「使用価値」と「交換価値」の２つがある。「使用価値」は「ある特定の対象物の効用」、「交換価値」は「その所有から生じる他の財貨にたいする購買力」をそれぞれ意味している。

（2）労働は商品の「真の価格」、貨幣は商品の「名目上の価格」である。商品の交換価値の真の尺度はそれ自身の価値が不変でなければならず、労働がすべての商品の交換価値の真の尺度（真の価格）である。商品の交換価値は「貨幣の量」によって測られることが一般的であるが、金・銀の価値はすべての他の商品と同じように変動する。

（3）同一の時と所では、商品の「真の価格」と商品の「名目上の価格」は相互に正確に比例しているので、貨幣は商品の交換価値の正確な尺度である。離れた場所では、商品の「真の価格」と商品の「名目上の価格」の間には規則的な比率はないので、貨幣は商品の交換価値の正確な尺度ではない。

（4）「金・銀 vs. 穀物」について、長期では、穀物は、金・銀よりも同一量の労働を支配するので、金・銀よりもすぐれた価値尺度である。短期では、金・銀は、穀物よりも同一量の労働を支配するので、穀物よりもすぐれた価値尺度である。

（5）労働と交換に与えられる生活必需品・生活便益品の量は「労働の真の価格」、労働と交換に与えられる貨幣の量は「労働の名目上の価格」とそれぞれ呼ばれている。

（6）労働者の報酬の高低は「名目賃金」ではなく「実質賃金」で判断されるべきである。

3 商品価格の構成と「自然価格 vs. 市場価格（現実の価格）」（第1篇第6, 7章、第4篇第7章）

【商品価格の構成】

スミスは、経済発展の段階として、「資本蓄積と土地占有が行われていない経済状態」「資本蓄積が行われている経済状態」「資本蓄積と土地占有が行われている経済状態」の3つを区別している。

(1) 投入は労働のみ：資本蓄積と土地占有が行われていない経済状態

資本蓄積と土地占有が行われていない経済状態では、商品生産への投入は労働のみであり、この状況下、スミスは「労働の全生産物は労働者に属する。そしてある商品の獲得または生産にふつう用いられる労働の量は、その商品がふつう購買し、支配し、またはこれと交換されるべき労働の量を左右できる唯一の事情である。」（訳書Ⅰp. 115）と述べ、商品価格（交換価値：商品間の交換比率）は労働の質の違いを斟酌したうえでの投下労働量によって決まると論じている。

(2) 投入は労働と資本のみ：資本蓄積が行われている経済状態

スミスは、労働者・原料を購入するための原資を「資本」と呼び、「資本」が特定の人々により蓄積されるようになると、彼らのうちのある者は、第1に賃金（生活資料）の前払いを行って労働を雇用する、第2に前払いを行って原料を購入する、第3に労働と原料を投入して商品を生産し、販売する。したがって、資本蓄積が行われている経済状態では、商品の生産は労働と資本によって行われるのであり、付加価値（労働者が原料に付加する価値）は、「労働者に対する賃金」と「雇主（資本提供者）が前払いした賃金・原料（資本）に対する利潤」に分配され、商品価格は労働者に対する労働賃金と資本提供者に対する資本利潤から構成される。

スミスは「資本の利潤とは、ある特定の種類の労働、すなわち監督し指揮する労働の賃銀にたいする別名にすぎない、と考える人があるかもしれない。けれども利潤は、賃銀とはぜんぜんちがったものであり、まったく異なった

原理によって規定されるものであって」（訳書Ⅰp. 116）と述べている。つまり、利潤は経営者労働（監督・指揮するという想像上の労働）の量・質には比例せずに、提供される資本の大きさに比例している。

（3）投入は労働、資本および土地：資本蓄積と土地占有が行われている経済状態

　資本蓄積と土地占有が行われている経済状態では、商品生産への投入は労働、資本、土地であり、スミスは労働、資本、土地を一括して「ファンド」と呼んでいる。商品生産への投入が労働、資本、土地であるときは、商品の価格は労働者に対する労働賃金、資本提供者に対する資本利潤および地主に対する地代から構成されている。これについて、スミスは「価格のすべての異なる構成部分の真の価値は、そのおのおのが購買または支配しうる労働の量によってはかられる、ということである。労働は、価格のなかの労働に分れる部分の価値だけでなく、地代に分れる部分の価値、および利潤に分れる部分の価値をもはかるのである。」（訳書Ⅰp. 119）と述べている。つまり、賃金、利潤および地代は商品価格（交換価値）の３つの基本的な源泉であり、他のすべての収入は賃金・利潤・地代のうちのどれかから派生するものである。

　賃金・利潤・地代といった３つの異なる収入は、異なる人たちに帰属するときは容易に区別されるが、同一人に帰属するときは相互に混同されることがある。

（1）賃金：労働から引き出される収入

　労働から引き出される収入は「賃金」と呼ばれている。

（2）利潤：資本から引き出される収入

　資本を管理または使用する人によって引き出される収入は「利潤」、資本を使用しないで、他人に貸し付ける人によって引き出される収入は「利子」「貨幣の使用料」とそれぞれ呼ばれている。利子は派生的な収入であり、利潤の中から支払われる。

（3）地代：土地から引き出される収入

　土地から引き出される収入は「地代」と呼ばれている。

【「商品の自然価格」：賃金・利潤・地代の自然率】

　スミスは、「賃金・利潤・地代の実際の率の平均」あるいは「賃金・利潤・地代の中心率（実際の率がそれに向けて絶えず引き寄せられる率）」を「賃金・利潤・地代の自然率」（訳書 I pp. 130-131）と呼び、それらは1つの社会、1つの地域、労働・資本・土地の異なる用途ごとに存在すると論じている。また、スミスは、賃金・利潤・地代の自然率は労働者、資本提供者、地主それぞれの「生計の当然のファンド」であると論じている。

　スミスは、商品生産への投入が労働、資本、土地であるときは、商品の価格は労働者に対する労働賃金、資本提供者に対する資本利潤および地主に対する地代から構成されると論じ、さらに、支払われた賃金・利潤・地代が自然率であるならば、その商品の価格を「商品の自然価格」（訳書 I p. 130）と呼び、「商品の自然価格」を「その商品を市場にもたらす人が実際に費やした額」（訳書 I p. 131）と定義している。

【「利潤の自然率 vs. 利潤の実際率」と参入・退出】

　スミスは、労働者、資本提供者、地主それぞれに支払われる自然率は「前払い」（事前の概念）であり、生産者（資本提供者）は「利潤の実際率＞利潤の自然率」ならば生産を行い、「利潤の実際率＜利潤の自然率」ならば生産を行わないと論じ、「こうした利潤（利潤の自然率—引用者注）をかれのもとに残してくれるような価格は、かならずしもつねに商人がときとしてその財貨を売ることもある最低のものとはいえないが、かれが相当の期間にわたってひきつづき売ってゆける最低の価格である。少なくとも完全な自由があるところ、いいかえると、かれがその職業を何度でも好きなだけ変えられるようなところでは、そうなのである。」（訳書 I pp. 131-132）と述べている。つまり、参入・退出の自由のある完全競争市場では、利潤の自然率は参入・退出の意思決定をさせる限界価格である。生産者は「利潤の実際率＞利潤の自然率」ならば参入し、「利潤の実際率＜利潤の自然率」ならば退出する。

【商品の「供給量 vs. 有効需要量」と「自然価格 vs. 市場価格（現実の価格）」】

現代経済学では、市場価格は市場供給量と市場需要量の一致によって均衡決定され、不一致によって変動するとされているが、スミスは、自然価格の水準で購入しようとする量を「有効需要量」と呼び、商品の市場価格（現実の価格）は、供給量（現実に市場にもたらされる量）と有効需要量（自然価格を支払う意思のある人たちの需要量）によって規制されていると論じている（訳書 I p. 132）。

スミスは、商品がふつうに売られる現実の価格を「市場価格」と呼び、「市場価格は、自然価格を上回るか、下回るか、ちょうどそれと一致するか、のいずれかである。」（訳書 I p. 132）と述べている。

（1）供給量＜有効需要量のケース

「供給量＜有効需要量」であるならば、このとき「市場価格＜自然価格」であり、有効需要者のうちのある者は「それがぜんぜん得られないくらいなら、もっと多くを支払ってもよいという気になるだろう」（訳書 I p. 133）ということから市場価格は上昇する。市場価格上昇の程度は、「供給量不足の程度」「競争者たちの富や気まぐれな贅沢」によって競争熱をかき立てられる程度、および「（都市の封鎖や飢饉の場合における）商品の獲得がもつ重要性」のいかんによる競争熱に依存する。

（2）供給量＞有効需要量のケース

逆に、「供給量＞有効需要量」であるならば、このとき「市場価格＞自然価格」であり、供給者は全量を有効需要者に売りさばくことができず、供給者のうちのある者は市場価格を引き下げる。市場価格下落の程度は、「超過供給量の度合いが供給者の競争を低下させる程度」「商品を即刻処分することが供給者に差し迫っている程度（腐敗しやすい商品 vs. 耐久性のある商品）」に依存する。

（3）供給量＝有効需要量のケース

「供給量＝有効需要量」であるならば、このとき「市場価格＝自然価格」であり、スミスは「（供給者は―引用者注）手持ちの全量は、この価格（自然価

格—引用者注）で売りさばくことができるが、それ以上の価格では売りさばけない。さまざまな商人のあいだの競争によって、かれらはみないやおうなしにこの価格（自然価格—引用者注）を承認せざるをえなくなるが、しかしそれ以下の価格で承認するという必要もない。」（訳書 I p. 134）と述べている。つまり、完全競争市場に直面している 1 人の生産者・販売者は「供給量＝有効需要量」で成立する市場価格（＝自然価格）を所与として手持ちの全量を売りさばくのである。

【「供給量＝有効需要量」になるメカニズム】

　スミスは「市場にもたらされるすべての商品の数量は、自然に、その有効需要に適合するものである。」（訳書 I p. 134）と述べ、供給量は有効需要を満たして過不足のないような、つねに正確な数量を市場へもたらすことを目指していると論じている。つまり、市場均衡は「供給量＝有効需要量」になるように供給量の調整によって達成されると論じている。

（1）供給量＜有効需要量のケース

　「供給量＜有効需要量」であれば、労働者・資本提供者（雇用者）・地主の実際の各報酬率（賃金・利潤・地代の実際率）は自然報酬率（賃金・利潤・地代の自然率）に等しくなるように上昇し、それは労働者をして労働を、資本提供者をして資本を、地主をして土地を事業へさらに投入させ、結果として商品供給量を増大させ、そのことにより「供給量＜有効需要量」は「供給量＝有効需要量」になり、賃金・利潤・地代の実際率は自然率を回復し、実際の商品価格は自然価格を回復する。

（2）供給量＞有効需要量のケース

　「供給量＞有効需要量」であれば、労働者・資本提供者（雇用者）・地主の実際の各報酬率（賃金・利潤・地代の実際率）は自然報酬率（賃金・利潤・地代の自然率）に等しくなるように下落し、それは労働者をして労働を、資本提供者をして資本を、地主をして土地を事業から引き揚げさせ、結果として商品供給量を減少させ、そのことにより「供給量＞有効需要量」は「供給量＝有効需要量」になり、賃金・利潤・地代の実際率は自然率を回復し、実際の商

品価格は自然価格を回復する。

【市場価格 vs. 自然価格】

　商品の市場価格は自然価格に向けて絶えず引き寄せられつつあるが、スミスは「個々の偶然の出来事」「自然的原因」「個々の行政上の法規」（訳書 Ip. 139）などによって、市場価格が長期にわたって自然価格から乖離することはありうると論じている。

【「農業生産物 vs. 工業生産物」の市場価格の変動要因：供給量 vs. 有効需要量】

　スミスは、農業などについては「ともかくも、有効需要に適合しうるのは、その平均生産高だけである。その実際生産高は、その平均生産高を超える場合も多く、またこれに及ばない場合も多いから、市場にもたらされる商品の数量は、有効需要を大いに超過することもあり、またそれにはるかに足りないこともある。だから、たとえその需要がひきつづき同じであっても、その市場価格は大いに変動しやすく、自然価格をひどく下回って下落することもあり、またそれをはるかに上回って急騰することもあるだろう。」（訳書 Ipp. 136-137）と述べている。

　スミスは、同一量の労働・資本・土地を投入し続けたとき、年々、農業生産物の供給量は変動するが、工業生産物の供給量はあまり変動しないと指摘し、したがって、農業生産物の市場価格は有効需要量の変化とともに変動するばかりでなく、供給量が変化するにつれて一層大きく一層頻繁に変動するが、工業生産物の市場価格はもっぱら有効需要量の変化とともに変動すると論じている。

【商品の市場価格の一時的変動と賃金・利潤・地代の実際の率】

　スミスは、商品の市場価格の一時的変動の賃金・利潤・地代の実際率への影響について、第 1 に商品の市場価格の一時的変動は賃金・利潤の実際率（市場率）に影響を及ぼす、第 2 に地代の実際率は借地契約において生産物の

平均価格水準に適合するように決められているので、商品の市場価格の一時的変動は地代の実際率には影響をほとんど及ぼさない、と論じている。

【「市場価格＞自然価格」と「法外な利潤」：「たまたま vs. 独占」】

「市場価格＞自然価格」であれば、労働者・資本提供者（雇用者）・地主の実際の各報酬率（賃金・利潤・地代の実際率）は自然報酬率（賃金・利潤・地代の自然率）を上回る。

(1) たまたまの「市場価格＞自然価格」

スミスは、資本提供者（雇用者）は、「賃金・利潤・地代の実際率＞賃金・利潤・地代の自然率」「商品の市場価格＞商品の自然価格」によって生じる「特別の利潤」「法外な利潤」（訳書Ⅰpp. 139-140）を隠そうとしていると指摘し、その理由として「もしそれが知れわたると、かれらの大きい利潤は新しい多くの競争者たちを誘いよせて、同じ用途にかれらの資本を使用させることになるからである。」（訳書Ⅰp. 139）と述べている。

(2) 独占による「市場価格＞自然価格」

スミスは「独占者たちは、市場をいつも資本不足にしておくことによって、すなわち有効需要を十分に満たさないことによって、自分たちの商品を自然価格よりずっと高く売り、かれらの利得を、それが賃金であれ利潤であれ、その自然率以上に大きく引き上げようとするのである。」（訳書Ⅰp. 141）と述べている。つまり、もし資本提供者（雇用者）が独占者であるならば、資本の提供を渋ることによって、人為的に「賃金・利潤・地代の実際率＞賃金・利潤・地代の自然率」「商品の市場価格＞商品の自然価格」を生み、それによって生じる「特別の利潤」「法外な利潤」を得ようとしていると論じている。

【独占価格 vs. 自然価格（自由競争価格）】

スミスは、「独占価格」は生産者（資本提供者）が獲得できる最高の価格（「買手からしぼりとることのできる最高価格」）であり、「自然価格（自由競争価格）」は生産者（資本提供者）が獲得できる最低の価格（「事業を継続することのできる

最低価格」）であると論じている（訳書Ⅰ p. 142）。

【独占】

　スミス『国富論』第4篇第7章は、「独占」について以下のように論じている。

（1）独占は、資本が扶養するはずの生産的労働量の雇用を阻止し、資本が提供しうるGDPを減少させる。これについて、スミスは「資本というものは、各人の収入からの貯蓄によってのみ増加するものであるから、けっきょく独占は、それがない場合に、この資本が提供しえたはずの収入を保障することを妨げ、また当然に、その急速な増加を阻止し、ひいては、その国のより多くの生産的労働を扶養して勤勉な国民により多くの収入を提供することを阻止するものである。だからまた独占は、国民の収入の究極的な大源泉の1つである賃銀を、つねに、独占のない場合に比べて、当然に減少せしめたにちがいないのである。」（訳書Ⅱ pp. 457-458）と述べている。

（2）独占は、商業の利潤率を引き上げるので、土地の改良を阻止する。

（3）独占は、土地の改良を阻害するので、地代の自然的増加の速度を鈍化させる。

（4）独占は、商業の利潤率を引き上げるので、独占がない場合に比べて市場利子率を高める。

（5）独占は、第1に地代の自然的増加の速度を鈍化させることによって、第2に地価の自然的上昇を遅らせることによって、地主の利益を阻害する。

（6）独占は、利潤率を高めるが、社会の利潤総額の増加を妨げる。

（7）独占は、労働の賃金を低下させる。

　かくて、スミスは「独占は、ある国における一部の階層の人々の限られた利潤のために、その国の他の階級の人々の利益はもちろん、ひろく他の国々の人々の利益をも害するものなのである。」（訳書Ⅱ p. 459）と述べている。

> ┌─ ポイント ─────
> （1）「賃金・利潤・地代の実際の率の平均」あるいは「賃金・利潤・地代の

中心率（実際の率がそれに向けて絶えず引き寄せられる率）」は「賃金・利潤・地代の自然率」と呼ばれ、支払われた賃金・利潤・地代が自然率であるならば、その商品の価格は「商品の自然価格」と呼ばれ、「商品の自然価格」は「その商品を市場にもたらす人が実際に費やした額」と定義される。

（2）労働者、資本提供者、地主それぞれに支払われる自然率は「前払い」（事前の概念）であり、生産者（資本提供者）は「利潤の実際率＞利潤の自然率」ならば生産を行い、「利潤の実際率＜利潤の自然率」ならば生産を行わない。

（3）自然価格の水準で購入しようとする量は「有効需要量」と呼ばれ、商品の市場価格（現実の価格）は、供給量（現実に市場にもたらされる量）と有効需要量（自然価格を支払う意思のある人たちの需要量）によって規制されている。商品がふつうに売られる現実の価格は「市場価格」と呼ばれ、市場価格は、自然価格を上回るか、下回るか、ちょうどそれと一致するか、のいずれかである。

（4）「供給量＜有効需要量」であるならばこのとき「市場価格＜自然価格」であり、「供給量＞有効需要量」であるならばこのとき「市場価格＞自然価格」である。「供給量＝有効需要量」であるならばこのとき「市場価格＝自然価格」であり、完全競争市場に直面している１人の生産者・販売者は「供給量＝有効需要量」で成立する市場価格（＝自然価格）を所与として手持ちの全量を売りさばく。

（5）「市場価格＞自然価格」であれば、賃金・利潤・地代の実際率は自然報酬率（賃金・利潤・地代の自然率）を上回り、それは労働者をして労働を、資本提供者をして資本を、地主をして土地を事業へさらに投入させ、結果として商品供給量を増大させる。「市場価格＜自然価格」であれば、実際の各報酬率は自然報酬率（賃金・利潤・地代の自然率）を下回り、それは労働者をして労働を、資本提供者をして資本を、地主をして土地を事業から引き揚げさせ、結果として商品供給量を減少させる。

（6）農業生産物の市場価格は有効需要量の変化とともに変動するばかりでなく、供給量が変化するにつれて一層大きく一層頻繁に変動するが、工業生産物の市場価格はもっぱら有効需要量の変化とともに変動する。

（7）「独占価格」は生産者（資本提供者）が獲得できる最高の価格（「買手からしぼりとることのできる最高価格」）であり、「自然価格（自由競争価格）」は生産者（資本提供者）が獲得できる最低の価格（「事業を継続する

ことのできる最低価格」）である。

4　資本の分類（第2篇序論，第1, 2章）

【資本の蓄積→分業】

スミスは「資本の蓄積は、ことの性質上、分業に先行せざるをえないのであるから、資本が先行的にますます多く蓄積されるのに比例してのみ、労働もますます細分化されうる。」（訳書 I p. 508）と述べている。つまり、分業により、各人の仕事は単純な作業に還元され、また単純化された作業がその人の生涯のただ一つの仕事になる。人が1つの仕事にだけ専念することができるのはあらかじめ蓄積された「資本」があるからである。

【資本の蓄積→労働量と労働生産性】

スミス『国富論』の最重要テーマはGDPの増大であり、「GDP＝（GDP／労働量）×労働量＝労働生産性×労働量」である。スミスによれば、資本の蓄積は、第1に労働量を増加させ、第2に労働生産性を高めるので、GDPの増大に貢献する。

【資財の分類と機能：現代経済学の「消費財 vs. 資本財・投資財」】

スミスは、「資財」（1人の資財、社会の総資財）を以下の3種類に分け、各資財の機能を説明している。スミスは、人は現在の楽しみか、将来の楽しみ（利潤）かのどちらかを手に入れようとし、現在の楽しみを手に入れるのであれば「直接の消費のために留保される資財」を用い、将来の楽しみ（利潤）を手に入れるのであれば「資本」を用いると論じている。スミスは、収入（利潤）を得ようと期待する資財を「資本」と呼び、使用者に利潤をもたらす方法の違いによって、資本を「固定資本」と「流動資本」に分類している。固定資本・流動資本は現代経済学の「資本財」「投資財」である。

（1）「直接の消費のために留保された資財」

これは現代経済学の「消費財」である。「直接の消費のために留保された資財」は、消費者によって直接の消費を充足するために購入されたものの、まだ消費しつくされていない資財（食物、衣服、家庭用器具など）である。「消費財 vs. 資本財」の視点からの特徴は、「直接の消費のために留保された資財」はそれから収入を得ようとは考えない資財であるということである。ただし、スミスは、1人の個人にとっては、家屋・衣服・家具などは、賃貸しによって利潤（収入）を得ることができるという「資本」としての機能を果たしうるものであると論じ、しかし、「家屋というものは、（中略）公共社会にとってはなんの収入ももたらしえないし、また、資本の機能も果しえないのであって、人民全体の収入がそれによって少しも増加することなどありえないのである。」（訳書 I p. 516）と述べている。

(2) 固定資本

　スミスは、持ち主を換えることなしに、つまり流通することなしに利潤をもたらすものを「固定資本」と呼んでいる。

(3) 流動資本

　スミスは、持ち主を換えることによってのみ、つまり流通することによってのみ利潤をもたらすものを「流動資本」と呼んでいる。「流動資本」は使用者の所有に属する間は、または同一の形態をとり続けている間は、何らの利潤をもたらさない。

【固定資本の種類】

　スミスは、「固定資本」を以下の4項目に整理している（訳書 I pp. 517-518）。

(1)「労働を容易にし、また短縮するすべての有用な機械や事業上の用具」

(2)「利益のあがるすべての建築物（中略）たとえば店舗、倉庫、仕事場、農舎、およびそれらに必要な畜舎や穀倉などの建築物」

(3)「土地の改良、すなわち土地を開墾し、排水し、囲い込み、施肥を行なって、耕作や栽培に最もふさわしい状態にするために、利益をめざして投じられたもの」

（4）「社会の全住民または全成員が獲得した有用な能力（中略）いわば、かれの一身に固定され、実現されている資本」

【流動資本の種類】

スミスは、流動資本を以下の4項目に整理している（訳書Ⅰ pp. 518-519）。

（1）貨幣

貨幣によって、他の3つの流動資本項目が流通し、それぞれ最終使用者または最終消費者（本来の消費者）の手に分配される。

（2）商人の手元にある食料品

「食料品のストック（中略）これは、肉屋、牧畜業者、農業者、穀物商人、醸造業者などが所有し、そしてかれらはそれらの販売によって利潤を得ることを期待している。」

（3）商人の手元にある材料

「衣服・家具・建物の未加工の材料、または多少とも加工された材料のうち、そうした3つの形態のどれにもまだ仕上げられていなくて、栽培者、製造業者、織物商、服地商、材木商、大工、指物師、煉瓦作りなどの手にとどまっているもの」

（4）商人の手元にある完成品

「完成品となってはいるが、まだ商人や製造業者の手にあって、本来の消費者に売却されたり分配されたりしていない製品（中略）たとえば、われわれが、鍛冶屋、家具屋、金匠、宝石商、陶器商などの店に既製品としてしばしば見かける完成品」

【消費財と資本財（固定資本、流動資本）の関係】

スミスは「人々の貧富は、直接の消費のための資財にたいするこの二様の資本（固定資本、流動資本—引用者注）の供給が、潤沢か不足かによって定まるのである。」（訳書Ⅰ p. 520）と述べている。すなわち、人々の富貴は消費財（「直接の消費のための資財」）の量に依存し、資本（固定資本と流動資本）の唯一の目的は消費財を増加することであると論じている。

スミスは、第1に4項目の流動資本のうち、商人の手元にある食料品、材料、完成品の3つの項目は、「年々、または1年内外のあいだに、流動資本のなかから規則的に引き出されて、固定資本か、または直接の消費のためにとっておかれる資財かのどちらかに組み入れられる。」（訳書 I p. 519）と述べている。つまり、1年ほどの間に、商人の手元にある食料品、材料、完成品の3つの項目は固定資本に組み入れられるか、消費財（「直接の消費のための資財」）に組み入れられるかのいずれかである、第2に商人の手元にある食料品、材料、完成品の3つの項目は固定資本と消費財に組み入れられるので、それら3つの流動資本はたえず補給を必要とし、補給は土地、鉱山、漁場の生産物という3つの源泉から主として確保される（訳書 I pp. 520-521）、第3に「どんな固定資本も、流動資本によらないで収入をもたらすことはありえない。最も有用な機械や事業上の用具でも、その加工する材料と、その使用者である職人の生活資料とを提供する流動資本がなければ、なにものも生産しないだろう。」（訳書 I p. 520）と述べている。つまり、固定資本だけでは何らの生産を行うことはできず、固定資本と流動資本、さらには流動資本によって支えられている労働との組み合わせによってのみ生産を行うことができる、と論じている。

【1つの商品 vs. GDP】

『国富論』第1篇は暗黙のうちにミクロ経済学ベースで、第2篇は明示的にマクロ経済学ベースで議論を行っている。例えば、第1篇のミクロベースでは、「1つの商品の価格＝賃金」あるいは「1つの商品の価格＝賃金＋利潤」あるいは「1つの商品の価格＝賃金＋利潤＋地代」としていたが、第2篇のマクロベースでは、「GDP（『年々の生産物の全価格（全交換価値）』『年々の生産物の全価値』『一国の全住民の総収入』：訳書 pp. 526-527）＝総賃金＋総利潤＋総地代」である。

【「総地代」vs.「純地代」：「総」vs.「純」】

スミスは、1人の地主と1人の借地人の間で、借地人が地主に支払った地

代を「総地代」と呼び、地主が受け取った「総地代」から土地の保全に必要な費用（「経営や修理の費用、その他すべての必要経費」：訳書Ⅰp.527）を差し引いたものを「純地代」と呼んでいる。「純地代」は地主が直接の消費のために自由に処分できるものである。

【「総収入」vs.「純収入」：「総」vs.「純」】

スミスは、「一国の全住民の総収入」と「一国の全住民の純収入」の総・純の区別を行っている。

「一国の全住民の総収入」＝労働の総賃金＋資本の総利潤＋土地の総地代である。つまり、一国の全住民のGross（総）の収入は労働の総賃金、資本の総利潤、土地の総地代の3つから構成されている。

「一国の全住民の純収入」、つまり一国の全住民のNet（純）の収入はGross（総）の収入から固定資本・流動資本の維持費を差し引いたものであり、一国の全住民が直接の消費のために自由に処分できる資財（「生活資料、便益品および娯楽品として消費できるもの」：訳書Ⅰp.528）である。

ポイント

（1）人は現在の楽しみか、将来の楽しみ（利潤）かのどちらかを手に入れようとし、現在の楽しみを手に入れるのであれば「直接の消費のために留保される資財」（消費財）を用い、将来の楽しみ（利潤）を手に入れるのであれば「資本」を用いる。収入（利潤）を得ようと期待する資財は「資本」と呼ばれ、使用者に利潤をもたらす方法の違いによって、資本は「固定資本」と「流動資本」に分類される。

（2）「直接の消費のために留保される資財」はそれから収入を得ようとは考えない資財である。「固定資本」は持ち主を換えることなしに、つまり流通することなしに利潤をもたらす資財である。「流動資本」は持ち主を換えることによってのみ、つまり流通することによってのみ利潤をもたらす資財である。「流動資本」は使用者の所有に属する間は、または同一の形態をとり続けている間は、何らの利潤をもたらさない。人々の富貴は消費財（「直接の消費のための資財」）の量に依存し、資本（固定資本と流動資本）の唯一の目的は消費財を増加することである。

（3）固定資本だけでは何らの生産を行うことはできず、固定資本と流動資本、さらには流動資本によって支えられている労働との組み合わせによってのみ生産を行うことができる。

（4）一国の全住民の Gross（総）の収入は労働の総賃金、資本の総利潤、土地の総地代の 3 つから構成されている。一国の全住民の Net（純）の収入は Gross（総）の収入から固定資本・流動資本の維持費を差し引いたものであり、一国の全住民が直接の消費のために自由に処分できる資財である。

5　資本の用途（第 2 篇第 4, 5 章）

【資本：貸手 vs. 借手】

　スミスは、第 1 に「貨幣はいわば譲渡証書にほかならないのであって、その譲渡証書は、所有者たちが自分で使用する労をとろうとしない資本をある人の手から他の人の手へと運ぶのである。」（訳書 I pp. 662-663）、第 2 に「借手が実際に求め、また、貸手が実際に借手に供給するものは、貨幣ではなくて貨幣の値打、つまり貨幣で購買することのできる財貨なのである。」（訳書 I p. 661）と述べ、貸手と借手の貸借は「貨幣で購買することのできる財貨」についてであると論じている。

（1）貸手にとっての資本

　貸手にとっては、資本はつねに資本であり、貸手は、貸し出した資本を返済期限が来れば回収し、貸出期間中は年々一定の利子を受け取る。

（2）借手にとっての資本

　借手にとっては、資本はつねに資本であるとは限らない。第 1 に資本は資本として使用される。すなわち、生産的労働者による資本の使用は生産的労働者の維持に用いられ、投下資本を利潤と一緒に回収する。他の収入源を手放したり、食いつぶしたりしなくても、借り入れた資本の返済・利子支払いを行うことができる。第 2 に資本は「直接の消費のための資財」として使用される。すなわち、浪費家による資本の使用は勤勉な人々の維持に充て

られていたものが怠惰な人々の維持に用いられることになる。土地財産、地代といった、何か他の収入源を手放したり、食いつぶしたりして、借り入れた資本の返済・利子支払いを行わざるを得ない[注2]。

【商品の量 vs. 貨幣の量】

　スミスは、「商品の量一定、貨幣の量が増大のケース」「商品の量増大、貨幣の量が一定のケース」の2つのケースを比較して、貨幣量の増大あるいは商品量の増大の貨幣（銀）の価値、商品の名目価値・真の価値、賃金の名目価値・実質価値、利潤の名目価値・実質価値への影響を検討している。

(1) 商品の量一定、貨幣の量が増大のケース（訳書 I pp. 667-669)

　商品量が一定のままで、貨幣（銀）の量が増大すると、第1に貨幣（銀）の名目価値が低下する、第2に商品の名目価値は大きくなるが（以前よりも多量の銀と交換される）、真の価値（支配しうる労働の量、維持し使用しうる人々の数）は不変である、第3に資本を運ぶのに従来より多数の銀が必要になっても、資本の大きさは不変である、第4に生産的労働を維持する基金は同一であるので、労働に対する需要は不変である、第5に賃金の名目価値は大きくなるが、実質価値は不変である、つまり、労働者は以前よりも多数の銀を受け取るが、従来と同じ財貨を購買する、第6に利潤の名目価値・実質価値は不変である。つまり、資本の利潤は銀の数では計算されず、利潤率（利潤／資本）は同じである。第7に利子率（利子／貨幣）は同じである。

(2) 商品の量増大、貨幣の量が一定のケース（訳書 I pp. 669-670)

　貨幣（銀）の量が一定のままで、商品量が増大すると、第1に貨幣（銀）の名目価値が上昇する、第2に資本は名目的には不変（同一量の貨幣で表示）であるが、実質的には増大（以前よりも多量の労働を支配）する、第3に資本が維持し使用しうる生産的労働の量は増大するので、労働に対する需要は増大する。賃金は労働に対する需要とともに上昇する（外見上は下がるように見える）。つまり、賃金は以前よりも少量の貨幣で支払われるが、その少量の貨幣は以前よりも多量の財貨を購買できる、第4に利潤の名目価値・実質価値は減少する、つまり全資本が増大するので、資本間の競争は増大し、利潤率は低

下する、第5に利子率は低下する。

【借手の利子率＝純粋利子率＋貸手のリスクプレミアム】

スミスは「債権者は、自分の貨幣をその使用上の価値（機会費用—引用者注）以下では貸し付けないであろうし、また債務者も、その使用上の全価値を債権者が受け取るためにおかす危険にたいして、債権者に一定の支払をしなければならない。」（訳書Ⅰp. 671）と述べている。すなわち、「借手の利子率＝純粋利子率＋貸手のリスクプレミアム」である。

【利子率規制は高利の害悪を助長する】

スミスは、利子率規制は高利の害悪を防止するどころか、それを助長すると論じ、その理由として、「もしも法定利子率が最低の市場価格のところにちょうど定められるならば、最良の担保を提供することのできないすべての人々は、その国の法律を尊重する正直な人々のもとで融通してもらえなくなって、いやおうなしに法外な高利貸にたよらざるをえなくなるのである。」（訳書Ⅰp. 671）を挙げている。

【資本の運用：土地の購入（地代）vs. 貸出（利子）】

スミスによれば、資本をもっている人が資本を使用する面倒を避けて、その資本から収入を引き出そうと望むならば、「土地の購入（土地の地代）」「貸出（貨幣の利子）」のいずれかがある。スミスは、土地を購入し、地代を得るようにするほうが安全な資本運用であると論じている。

【資本の４つの用途】

スミスは、資本のすべてを生産的労働の維持だけに充てたとして、等量の資本が活動させることのできる生産的労働量、したがって GDP は、資本の用途によって異なると論じている。すなわち、資本の働きの大きさは、資本の用途による「直接に活動させられる生産的労働の量」「年々の生産物に直接に付加される価値」の２つの点で、「農業者・鉱業者・漁業者＞親方製造

業者＞卸売商人＞小売商人」の順番であると指摘している。農業者・鉱業者・漁業者、親方製造業者、卸売商人、小売商人の利潤は、農業者・鉱業者・漁業者、親方製造業者が生産し、そして卸売商人・小売商人が売買する財貨の価格から、引き出される。

　資本には、農業者・鉱業者・漁業者による「社会が使用し消費するために年々必要とされる原生産物を調達するため」、親方製造業者による「直接の使用と消費のためにこの原生産物を加工し製造するため」、卸売商人による「原生産物または製造品をありあまる地方から不足している地方へ輸送するため」、小売商人による「原生産物または製造品の特定部分を、それを求める人たちのそのときどきの需要に適合するような小さい部分に分割するため」といった、4通りの異なった使用方法がある（訳書Ⅰ pp. 675-676）。

(1)「社会が使用し消費するために年々必要とされる原生産物を調達するため」：農業者・鉱業者・漁業者

　資本の第1の用途は、土地、鉱山または漁場の改良や開発を企てるすべての人たちによるものである。スミスは「等量の資本で、農業者の資本ほど多量の生産的労働を活動させるものはない。ここでは、労働する使用人ばかりか労働する家畜も、生産的労働者である。そのうえ、農業では、自然も人間とならんで労働する。」（訳書Ⅰ p. 681）と述べている。すなわち、農業に用いられる労働者と役畜は、自分自身の消費に等しい価値、つまりかれらを雇用する資本に等しい価値を、その資本の所有者たちの利潤とともに再生産するばかりでなく、地主の地代の再生産をも可能にするのである[注3]。

(2)「直接の使用と消費のためにこの原生産物を加工し製造するため」：親方製造業者

　資本の第2の用途は、親方製造業者によるものであり、親方製造業者は農業者・鉱業者・漁業者の投下資本を、利潤とともに回収する。スミスは「製造業では、自然はなにもしないで、人間が万事を行なう。」（訳書Ⅰ p. 682）と述べ、親方製造業者は、第1に資本の一部を事業上の用具に固定資本として用い、第2に資本の一部を材料の購入に流動資本として用い、第3に流動資本の大半を雇用する職人たちへの賃金に用いる。

（3）「原生産物または製造品をありあまる地方から不足している地方へ輸送するため」：卸売商人

　資本の第3の用途は、卸売商人によるものであり、卸売商人は農業者・鉱業者・漁業者、製造業者の投下資本を、利潤とともに回収し、農業者・鉱業者・漁業者や製造業者が事業継続できるようにしている。卸売商人の資本は自分の取り扱う原生産物と製造品を購入するためのものである。スミスによれば、卸売商人のサービス（輸送サービス）は、社会の生産的労働を維持し、GDPを増加させるのに間接に寄与している(注4)。

（4）「原生産物または製造品の特定部分を、それを求める人たちのそのときどきの需要に適合するような小さい部分に分割するため」：小売商人

　資本の第4の用途は、小売商人によるものであり、小売商人は卸売商人の投下資本を、利潤とともに回収し、卸売商人が事業継続できるようにしている。スミスによれば、小売商人の資本が直接に用いる唯一の生産的労働者は小売商人自身であり、付加価値は小売業者の利潤のみである。

【資本の用途の「国内 vs. 国外」】

　スミスは、資本の用途による「国内で活動させられる生産的労働の量」「資本の投下が社会の土地と労働の年々の生産物に付加する価値」の2つの視点から、以下のことを指摘している。

（1）資本の居場所

　農業者・鉱業者・漁業者、小売商人の資本の居場所は国内で、ほぼ一定している。卸売商人の資本の居場所は固定していない。親方製造業者の資本の居場所は不定である。現代の「産業の空洞化」に関して、スミスは「製造業者の資本が国内にとどまるというのは、もっと重大な意味をもっている。この資本は、必然的にいっそう多くの生産的労働者を活動させて、その社会の土地と労働の年々の生産物にいっそう大きい価値を付加する。」（訳書Ⅰp. 684）と述べている。

（2）貿易商人：自国人 vs. 外国人

　スミスは、国内の余剰生産物を輸出する商人は、生産者の資本を回収し、

生産を継続するようにしている、つまり、国内で生産物の余剰が発生すれば、余剰は国外に送り出されて、国内で需要のあるものと交換されなければならず、輸出を行うことができなければ、国内の生産的労働の一部は消滅し、GDP は減少すると論じ、「ある社会の余剰生産物を自分の資本で輸出している貿易商人が、その国の人であるか外国人であるかは、たいして重要なことではない。」(訳書 I p. 684) と述べている。

(3) 農業＞製造業＞輸出事業

　資本の用途による「国内で活動させられる生産的労働の量」「資本の投下が社会の土地と労働の年々の生産物に付加する価値」の 2 つの視点からは、「農業＞製造業＞輸出事業」である。

(4) 農業＞製造業＞卸売業（国内商業、直接外国貿易、中継貿易）

　資本の用途による「国内で活動させられる生産的労働の量」「資本の投下が社会の土地と労働の年々の生産物に付加する価値」の 2 つの視点からは、「農業＞製造業＞卸売業」である[注5]。

(5) 卸売業：国内商業＞直接外国貿易＞中継貿易

　資本の用途による「国内で活動させられる生産的労働の量」「資本の投下が社会の土地と労働の年々の生産物に付加する価値」の 2 つの視点からは、「国内商業＞直接外国貿易＞中継貿易」である。

　スミスによれば、卸売業は、卸売として再販売するために行われる事業であり、以下の 3 種類がある。

①国内商業

　「国内商業」は国内の生産物を同じ国のある地方で買って他の地方で売るものであり、内陸商業と沿岸貿易を含んでいる。国内商業の資本は、取引のたびごとに、農業か製造業に用いられていた 2 つの別個の資本をともに回収し、用途を継続できる。

②直接外国貿易（消費のための外国貿易）

　「直接外国貿易」は国内消費のために外国の財貨を買うものである。国内消費用の外国品の購買に用いられる資本は、取引のたびごとに、農業か製造業に用いられていた 2 つの別個の資本をともに回収するが、国内の勤労の

維持に用いられるのは、このうちの1つにすぎない。つまり、生産的労働に対しては、「直接外国貿易」は「国内商業」の半分しか刺激しない。

③中継貿易

　スミスは「どんな国でも、その国の資本ストックが非常に増加して、その特定国の消費の充足と生産的労働の維持とに用いてもあまりあるほどになると、その余剰部分は、自然に仲継貿易に流れこんで、他の国々のために資本として同じ役目を果すのに用いられる。仲継貿易は偉大な国民的富の自然的結果であり徴候である。だがそれは、その自然の原因であるとは思われない。」（訳書Ⅰp. 698）と述べている。すなわち、「中継貿易」は諸外国相手の商業を取り扱い、ある国の余剰生産物を他の国に輸送するものである。中継貿易の資本は、特定国の生産的労働の維持から完全に引き抜かれて、いくつかの外国の生産的労働を維持する。利潤だけが還流し、利潤の部分だけの貢献である。

ポイント

（1）貸手と借手の貸借は「貨幣で購買することのできる財貨」についてである。

（2）資本は貸手にとってはつねに資本であるが、借手にとってはつねに資本であるとは限らない。

（3）「借手の利子率＝純粋利子率＋貸手のリスクプレミアム」であり、利子率規制は高利の害悪を防止するどころか、それを助長する。

（4）資本の働きの大きさは、資本の用途による「直接に活動させられる生産的労働の量」「年々の生産物に直接に付加される価値」の2つの点からは、「農業者・鉱業者・漁業者＞親方製造業者＞卸売商人＞小売商人」の順番である。

（5）農業者・鉱業者・漁業者、小売商人の資本の居場所は国内で、ほぼ一定している。卸売商人の資本の居場所は固定していない。親方製造業者の資本の居場所は不定である。

（6）資本の用途による「国内で活動させられる生産的労働の量」「資本の投下が社会の土地と労働の年々の生産物に付加する価値」の2つの視点からは、「農業＞製造業＞輸出事業」「農業＞製造業＞卸売業」「国内商業＞

6　金融（第2篇第2章）

【金貨・銀貨 vs. 銀行券】

　スミスは、金貨・銀貨を「きわめて高価な商業上の用具」、銀行券（持参人払いの約束手形、紙券）を「経費のずっとかからない、同じように便利な用具」とそれぞれ呼んでいる。

　スミスによれば、『国富論』の「銀行券」は次の特徴を有している。

（1）銀行券は、ある特定地域の人々から財産、誠実さ、慎重さに深い信頼を寄せられている銀行によって発行されたものである。

（2）銀行券は兌換銀行券である。銀行は兌換請求に応じるために金貨・銀貨を準備しなければならず、人々は銀行で銀行券を金貨・銀貨と交換（兌換）できることを保証されている。

（3）銀行券は金貨・銀貨と同一の通用性を有している。つまり、通貨としては銀行券と金貨・銀貨はまったく同じであり、金貨・銀貨の代わりに銀行券を代位させ、流通界から金貨・銀貨を節約できる。

（4）銀行は借手に銀行券で貸出を行うことができる。

（5）銀行券の一部は金貨・銀貨との交換（兌換）を求めて銀行に戻り、他の一部は流通し続ける。

【「金貨・銀貨 vs. 銀行券」の流通】

　GDP（国内総生産物）を取引するのに、一国の通貨（流通している貨幣）は金貨・銀貨100で十分であるとしよう。そこへ、さらに、銀行が、銀行券（兌換銀行券）を100発行し、兌換準備として金貨・銀貨20を保有しなければならないとしよう。GDPを取引するための通貨量は100で十分であるにもかかわらず、「流通している貨幣＝銀行券（100）＋金貨・銀貨（80 = 100 − 20）= 180」である。

第1に通貨量が180に増えると、180はGDPを取引するために必要とされる通貨量100を80上回っている。そこで、スミスは「国内では使用されえなくとも、いたずらに遊休させておくのにはあまりに貴重である。そこで、国内では見出せない有利な用途をもとめて、海外に送られるであろう。だが、紙券のほうは海外に送るわけにはいかない。というのは、（中略）それは日常の支払に授受されないだろうからである。」（訳書Ⅰp. 541）と述べている。つまり、流通している金貨・銀貨80が海外に送られ、国内では金貨・銀貨100の代わりに、銀行券100が流通するようになる。「金貨・銀貨が海外に送られる」というのは、金貨・銀貨で海外からさまざまな種類の財貨を購入することである(注6)。

　第2にGDPを取引するために、金貨・銀貨100がすでに流通しているとき、銀行によってさらに発行される銀行券は100を超えることはできない。というのは、銀行券の流通量が金貨・銀貨の流通量を超えると、超過分は海外に送ることもできなければ、GDPを購入することもできないので、金貨・銀貨と兌換するために、銀行に還流せざるをえないからである。これについて、スミスは「紙券の増加は、全通貨の量を増大させ、その結果その価値を減少させて、必然的に商品の貨幣価格を高める、といわれてきた。しかし、通貨のなかから取り去られる金・銀貨の量は、通貨に付け加えられる紙券の量とつねに等しいのであるから、紙券はかならずしも全通貨の量を増大させるとはかぎらない。」（訳書Ⅰpp. 597-598）と述べている。

【「金貨・銀貨 vs. 銀行券」の価値】

　銀行券の価値は、「銀行券が信用確実の銀行によって発行される」「銀行券の金貨・銀貨との兌換は要求があれば無条件で行われる」「銀行券の金貨・銀貨との兌換は要求があればいつもただちに行われる」のであれば、金貨・銀貨の価値と等しい。

　銀行券の価値は、「銀行券と金貨・銀貨の即時の兌換が銀行の好意にもっぱら依存している」「銀行券と金貨・銀貨の兌換に、銀行券の所持人が必ずしも自分の力だけで履行できるとは限らないような条件がついている」「銀

行券と金貨・銀貨の兌換が一定年数経たなければできない、またその間の利子がまったく付かない」のであれば、金貨・銀貨の価値を下回る。

かくて、銀行券の価値が金貨・銀貨の価値を下回る程度は、以下の2つの要因に依存している。

（1）金貨・銀貨との即時兌換について予想される困難、不確実性の大小

（2）金貨・銀貨との兌換が行われるまでの期間の長短

【銀行券の供給過剰：1つの銀行 vs. 銀行全体】

スミスは「もしも、すべての銀行がつねに各自の利害をよく理解し、そしてそれにたいして注意を向けているなら、流通界はけっして紙券の供給過剰におちいることはなかったはずである。だが、すべての銀行は、かならずしも各自の利益をよく理解したり、また注意を払ったりしていなかったので、流通界はしばしば紙券の供給過剰におちいったのであった。」（訳書Ⅰ p. 556）と述べ、銀行券の過剰流通の根本原因は大胆な投機的企業家の過大取引であると論じている。

【銀行経営の2つの鉄則】

スミスの時代の銀行は、「本源的預金→貸出」「貸出→派生的預金」といった銀行ではなく、「金貨・銀貨の形態での兌換準備→貸出による銀行券の発行」といった銀行である。スミスは、貸出の形態として、「為替手形の割り引き」（手形割引：為替手形が満期になる前に、銀行券で前払いする）と「キャッシュ・アカウント」（貸付：保証人を必要とする貸付）の2つを挙げている[注7]。

かくて、スミスは、銀行に特有な経費として、以下の2つを挙げている。

（1）金貨・銀貨を貸し出せば得られる利子の損失：機会損失・機会費用

銀行は、金貨・銀貨を兌換準備として保有しなければならない。このとき、金貨・銀貨を貸し出せば得られる利子は機会損失・機会費用である。

（2）兌換準備を緊急補充するための費用

銀行は、兌換請求に応じることによって金庫が空になってきたとき、金貨・銀貨を緊急補充しなければならない。このとき、金・銀をかき集める困

難は費用である。

　スミスは、銀行経営の鉄則として、以下の2つを挙げている。

（1）「頻繁で規則的な返済」

　スミスは、銀行経営の第1鉄則は「頻繁で規則的な返済」であると論じ、「どんなに財産があり、どんなに信用があろうと、かれらのいわゆる頻繁で規則的な取引をしてくれないような人とは、けっして取引しようとはしなかった。」（訳書Ⅰp.563）と述べている。「頻繁で規則的な返済」は、銀行にとって、以下の3つのメリットがある。

　①兌換準備を緊急補充するための費用を節減できる。

　②債務者の営業状態の良否について、ある程度の判断を下すことができる。

　③一国のGDP（国内総生産）を取引するのに必要な通貨量を超える銀行券を発行する危険を免れることができる。

（2）固定資本のための貸出は厳禁

　スミスは、固定資本向け貸出の回収は流動資本向け貸出の回収よりもはるかに緩慢であるので、銀行は固定資本向け貸出を行う余地はないと論じ、「借用する貨幣が数年後でなければ返済されないようなものであるなら、それは銀行から借り入れるべきでなくて、借用証書か抵当証書にもとづいて、私人から借り入れるべきものである。」（訳書Ⅰp.567）と述べている。つまり、銀行は流動資本向け貸出に専念すべきであり、固定資本向け貸出を行うべきではないと論じている。

【銀行の最適貸出量】

　スミスは、銀行の最適貸出量について、「銀行が商人または企業家にどの程度の貸付をするのが適当であるかといえば、それは、その商人または企業家が取引する資本の全額ではなく、またその資本の大部分というのでもなくて、このうち、もし貸付がなされなければ、そのときどきの請求におうじるために遊休させたまま現金で保有しなければならない部分、ということになる。」（訳書Ⅰp.560）と述べている。つまり、銀行の最適貸出量は借入需要ではなくて、過剰兌換準備（金貨・銀貨）によって決まるのである。

【銀行の機能：「死んだ資財」を「生産する資財」へ転換】

　スミスは「ある国に流通している金・銀貨は、公道にたとえてみるのがいちばん適切かもしれない。公道は、国の牧草や穀物のすべてを流通させて市場に運搬するけれど、それ自身は、このどちらのひとかたまりも生産しはしない。銀行業の賢明な操作は、（中略）空中に一種の車道を敷設することによって、この国が、それ自体としてはなにものも生産することのない公道の大部分を立派な牧草地や穀物畑に転換させることを可能にし、またそうすることによって、この国の土地と労働の年々の生産物を大いに増加させることを可能にするのである。」（訳書Ⅰ p. 590）と述べている。

　上記引用文中の「銀行業の賢明な操作」は、第1に金貨・銀貨から銀行券への置き換えである。流通している金貨・銀貨は国にとっては何も生産しないことから、スミスは「金・銀貨は、商人の現金と同じように、すべて死んだ資財である。」（訳書Ⅰ p. 590）と述べている。金貨・銀貨から銀行券への置換は、「死んだ資財」（金貨・銀貨）を活動的で生産的な資財へと、何ものかを生産する資財へと転換させることを可能にする。第2に銀行券での商人に対する貸出である。スミスは、「銀行業の最も賢明な操作（貸出—引用者注）によって一国の産業は増進するものであるが、それは、国の資本が増加するからではなくて、銀行のこうした操作がない場合よりも、その資本のいっそう大きい部分が活動的で生産的なものになるからである。」（訳書Ⅰ pp. 589-590）と述べている。商人は現金を保有しているが、現金は「死んだ資本」であり、商人にとっても、国にとっても何も生まない。銀行の商人に対する貸出により、商人は、一部は手形割引という便宜により、また一部はキャッシュ・アカウントという便宜によって、現金を保有しておく必要から免れ、商人の「死んだ資本」（現金）は活動的で生産的な資本（すなわち、材料、道具、生活資料）へと、つまり何ものかを生産する資本へと転換することができる。

【通貨の流通速度：商人間取引の「大きい額面の通貨」vs. 商人・消費者間取引の「小さい額面の通貨」】

　スミスは、貨幣（金貨・銀貨、銀行券）の流通は「商人間取引 vs. 商人・消費者間取引」では異なると指摘している。

（1）商人間取引

　商人間取引では「大きい額面の貨幣」を必要とし、大きい額面の貨幣の流通速度（持主を換える回数）は小さい。

（2）商人・消費者間取引

　商人・消費者間取引では「小さい額面の貨幣」を必要とし、小さい額面の貨幣の流通速度（持主を換える回数）は大きい。

【銀行と公共社会の安全性】

　スミスは、一方で銀行は商業・工業の増進に大いに貢献していると指摘し、他方で銀行の公共社会の安全性への影響を論じている。すなわち、第1にスミスは「この国の商業や工業は、たとえ銀行業の操作によっていくらかは増進するにしても、以上のように、いわば紙券というダイダロスの翼で吊り下げられているのだから、金・銀貨という堅固な地面の上を歩きまわる場合にくらべて、絶対安全ということはありえない、ということである。商工業は、この紙券の管理人が未熟なために、予期せぬ種々な出来事にさらされているばかりか、そうした管理人がどんなに思慮ぶかく、また練達であっても、とうてい防ぎきれないほどの他のいくつかの出来事にさらされているのである。」（訳書 I p. 591）と述べている。つまり、銀行券の価値は信用によって裏付けされているので、信用が損なわれると商業・工業にマイナス影響を与える。第2にスミスは「銀行の数がふえると、どの銀行もいっそう慎重な行動をとらざるをえなくなる。かれらは、銀行券を自分たちの正貨との正当な比率を超えて拡大しないようにすることによって、多数の競争者との対抗上、つねに起るおそれのある悪意の取付けにたいして自衛せざるをえなくなる。」（訳書 I p. 606）と述べている。すなわち、銀行数が増えると、各銀行の銀行券の流通は比較的狭い圏内に局限され、銀行券の量は少なくなるので、

銀行数の増大は公共社会の安全性を高めると論じている。第3に銀行数が増えると、ある1つの銀行が破綻しても、公共社会に与える打撃は小さくて済む。

【銀行の2つの義務と銀行規制】

　スミスは、公共社会の安全のために、銀行が以下の2つの義務を果たすならば、銀行はこれ以外のすべての点では完全に自由であって構わないと論じている。

（1）銀行は一定額面以下の銀行券を発行してはならない。

　小さい額面の銀行券の発行が許されると、多くの資力の乏しい人も銀行を設立することができ、貧弱な銀行は倒産に陥る可能性が高い。

（2）銀行は兌換請求に対して、即時無条件に金貨・銀貨を支払わなければならない。

　銀行の自由競争が高まると、銀行は、競争者から顧客を奪われないようにするために、顧客に対して一層寛大にならざるを得なくなることから、スミスは、銀行の規制は自然的自由の侵害とみなされるという批判に対して、「少数の人の自然的自由の行使は、もし、それが全社会の安全をおびやかすおそれがあるなら、最も自由な政府であっても、最も専制的な政府の場合と同じように、政府の法律によって抑制されるし、また抑制されるべきものなのである」（訳書Ⅰp.597）と述べている。

ポイント

（1）金貨・銀貨は「きわめて高価な商業上の用具」、銀行券（持参人払いの約束手形、紙券）は「経費のずっとかからない、同じように便利な用具」である。銀行券と金貨・銀貨は通貨としてまったく同じであり、金貨・銀貨の代わりに銀行券を代位させ、流通界から金貨・銀貨を節約できる。

（2）通貨量とGDPの関係（「マーシャルの k」あるいは通貨の流通速度）は決定不可能なことである。

（3）銀行に特有な経費として、「金貨・銀貨を貸し出せば得られる利子の損失」「兌換準備を緊急補充するための費用」の2つが挙げられる。

（4）銀行経営の鉄則として、「頻繁で規則的な返済」「固定資本のための貸
出は厳禁」といった2つが挙げられる。銀行の最適貸出量は借入需要で
はなくて、過剰兌換準備（金貨・銀貨）によって決まる。

（5）流通している金貨・銀貨は国にとっては何も生産しないので「死んだ
資財」である。「銀行業の賢明な操作」による金貨・銀貨から銀行券への
置換は「死んだ資財」（金貨・銀貨）を活動的で生産的な資財へと、何も
のかを生産する資財へと転換させることを可能にする。

（6）商人間取引では「大きい額面の貨幣」を必要とし、大きい額面の貨幣
の流通速度（持主を換える回数）は小さい。商人・消費者間取引では「小
さい額面の貨幣」を必要とし、小さい額面の貨幣の流通速度は大きい。

（7）銀行数が増えると、第1に各銀行の銀行券の流通は比較的狭い圏内に
局限され、銀行券の量は少なくなるので、銀行数の増大は公共社会の安全
性を高める、第2にある1つの銀行が破綻しても、公共社会に与える打
撃は小さくて済む。

（8）公共社会の安全のために、「銀行は一定額面以下の銀行券を発行しては
ならない」「銀行は兌換請求に対して、即時無条件に金貨・銀貨を支払わ
なければならない」の2つの義務を銀行が果たすならば、銀行はこれ以
外のすべての点では完全に自由であって構わない。

（9）少数の人の自然的自由の行使は、もしそれが全社会の安全を脅かす恐
れがあるならば、最も自由な政府であっても、最も専制的な政府の場合と
同じように、政府の法律によって抑制されるし、また抑制されるべきもの
である。

7　銀の価値（第1篇第11章）

【1350～1700年の3つの期間における銀の価値】

スミスは、第1期（1350-1570年）、第2期（1570-1640年）、第3期（1640-
1700年）における、銀の価値の変動を議論している。スミスによれば、3つ
の期間における銀の価値は以下のとおりである。

第1期（1350-1570年）：銀の価値不変

第2期（1570-1640年）：銀の価値低下

第3期（1640-1700年）：銀の価値上昇

【銀の真の価値は何と比較して：穀物価格 vs. 家畜・家禽価格】

　スミスは「最も思慮深い著述家たちが昔の銀の価値が高かったと推定する根拠は、穀物が低価格であったことよりも、他の土地の原生産物（家畜・家禽—引用者注）の価格が低かったことにあるのである。」（訳書Ⅰp. 379）と述べている。スミスは、貧困と野蛮の時代においては、穀物は一種の製造品であり高価格であったのに対して、家畜・家禽は非製造品であり低価格であったと指摘し、「ある特定の商品または商品群ではなくて、まさに労働こそが、価値の真の尺度だといういうことである。」（訳書Ⅰp. 380）と述べている。

　スミスは、通説は価値の尺度として「他の土地の原生産物（家畜・家禽）」を取り上げているが、正しくは労働を取り上げるべきであると主張し、そのうえで「社会のあらゆる状態、改良のあらゆる段階を通じて、穀物は人間の勤労の産物である。（中略）等量の穀物は他のいかなる等量の土地の原生産物よりも、いっそうよく等量の労働を代表し、また等量の労働と等価になるであろうということを安んじて確信してよいだろう。」（訳書Ⅰp. 381）と述べ、つまり、価値の真の尺度は労働であるが、「等量の穀物は等量の労働を代表する」ので、穀物は正確な価値の尺度であり、「銀の真の価値は、それを穀物と比較するほうが、他のどんな商品、または商品群と比較するよりも、よく判断することができるのである。」（訳書Ⅰp. 381）と述べている。

（1）　第1期（1350-1570年）：銀の価値不変

　スミスによれば、第1期（1350-1570年）の特徴は、第1に15世紀末から16世紀初頭にかけて、ヨーロッパの政治は安定し、政治・社会の安定は産業を進展させた、第2に通説では14世紀中葉から16世紀中葉にいたる期間を通じ、銀の価値が低下したとされているが、銀の価値は不変であった、というものである。

【穀物の価値 vs. 銀の価値】

　銀の価値が、穀物の価値に比して騰貴した理由として、スミスは2つの理由を挙げている。

①銀に対する需要の増大

「社会の進歩と耕作の改良によって銀にたいする需要が増大したこと」（訳書 I p. 371）、つまり、第1に GDP が増えれば、貨幣需要（銀に対する需要）が増大すること、第2に富者が増えれば、銀器や銀の装飾品に対する需要が増大することが、銀の価値を上昇させた。

②銀の供給の不足

「当時世界に知られていた鉱山の大部分がひどく涸渇した結果、それらの採掘費用がいちじるしく高くなったため、銀の供給が少しずつ不足してきたこと」（訳書 I p. 371）、つまり、銀の生産量（供給）が減少したことが銀の価値を上昇させた。

【市場の分断化は穀物価格の変動を激化】

スミスは「穀物の価格というものはいつでも変動しやすいものであるけれども、すべての商業交通が閉ざされて、一国のある地方の豊作が他の地方の不作を救済することができないような騒然とした無秩序な社会では、変動が最も激しいのである。」（訳書 I p. 377）と述べ、市場の分断化は穀物価格の変動を激化させると論じている。

【金・銀の価値と国の豊かさ】

スミスは「金銀は、最も富んだ国民のあいだで最も高価であるのと同じように、最も貧しい国民のあいだでは当然に最も価値の小さいものである。あらゆる国民のなかで最も貧しい野蛮民族のあいだでは、金銀はほとんど価値のないものである。」（訳書 I p. 386）と述べている。

（2）　第2期（1570-1640年）：銀の価値低下

スミスによれば、第2期（1570-1640年）の特徴は、銀の価値は低下し、穀物の価格は上昇したということである。これについて、スミスは「アメリカにおける豊富な鉱山の発見が、穀物の価値にくらべて銀の価値がこのように低下した唯一の原因であったように思われる。」（訳書 I p. 390）と述べて

いる。

【銀の価値の低下理由】

　一方でアメリカの諸鉱山の発見がヨーロッパへの銀の流入をもたらし（銀の供給増）、他方で産業と改良が進み、銀に対する需要は増加しつつあったが、「銀の供給増＞銀の需要増」であったので、銀の価値は低下した。

（3）　第3期（1640-1700年）：銀の価値上昇

　スミスによれば、第3期（1640-1700年）の特徴は、第2期（1570-1640年）末の1636年ごろには、銀の価値を低下させたアメリカ鉱山の発見の影響は終わりをつげ、1600年代末より少し前に銀の価値はいくらか騰貴していたということである。

【1637-1700年間の2つの事件と穀物価格】

　スミスは、1637-1700年間の以下の2つの事件が穀物（小麦）の不足を生み、穀物価格を上昇させたと論じている。

（1）内乱（1642-49年のイギリス清教徒市民革命）

　1642-49年のイギリス清教徒市民革命は、穀物の耕作を妨害し、通商を中断することによって、穀物の不足を生み、穀物価格を上昇させた。

（2）「穀物輸出奨励金」（1688年公布）

　「穀物輸出奨励金」は、穀物の耕作を奨励することにより、穀物生産量を増大させ、穀物価格を安価にさせるはずであったが、スミスは「1688年から1700年にかけては奨励金はなんらこのような影響を引きおこすいとまがなかった（中略）この短い期間内でのその唯一の影響は、毎年の余剰生産物の輸出を奨励したために、ある年の過剰が別の年の不足を埋め合わせるのを妨げられて、国内市場における穀物の価格を騰貴させたということであろう。」（訳書Ⅰp. 394）と述べ、穀物輸出奨励金はむしろ穀物価格を上昇させたと指摘している。

【銀貨の磨損と銀貨の価値：銀の実際の量 vs. 名目額】

　スミスは、1637-1695 年間に、銀貨の削り取りや磨損により、銀貨の「銀の実際の量 vs. 名目額」の間に乖離を生じ、銀貨の価値は著しく低下したと論じている。

【銀に対する需要】

　アメリカの銀鉱山が発見されて以来、銀の供給は増えたが、スミスは、以下の 3 つの理由で銀に対する需要も増え、結果として、銀の価値を上昇させたと論じている。

（1）ヨーロッパにおける銀需要の増大

　アメリカが発見されて以来、ヨーロッパの大部分の経済は大いに改善され、銀需要が増大した。すなわち、第 1 にヨーロッパの農業・製造業の生産量が増え、生産物を流通させるための銀貨需要（銀に対する需要）が増大した、第 2 に富裕者が増えれば、銀器や銀の装飾品に対する需要が増大し、銀に対する需要が増大した。

（2）アメリカにおける銀需要の増大

　アメリカは、農工業の発達と人口の増大において、ヨーロッパの国々よりも急速であるので、アメリカにおける銀需要はヨーロッパの国々の銀需要より急速に増大した。

（3）東インド（とくにシナ、インド）における銀需要の増大

【「穀物、貴金属（金・銀）、卑金属（鉄）」の生産量と価格】

　スミスによれば、第 1 に金属（貴金属・卑金属）鉱山の生産高は穀物畑の生産高より年々の変動は大きい、第 2 に「前年度に市場にもたらされた穀物は、その全部またはほとんど全部が今年度末よりはるか前に消費されてしまうであろう。しかし、いまから 2、300 年前に鉱山からもってこられた鉄の一部はいまもなお使用に供されているだろうし、おそらく 2、3000 年前にもたらされた金の一部も同じくそうであろう。」（訳書 I pp. 418-419）つまり、穀物、貴金属（金・銀）、卑金属（鉄）の耐久性が「穀物＜卑金属＜貴金属」で

あるので、年々の供給量が「穀物＞卑金属＞貴金属」であるにもかかわらず、価格の安定性は「穀物＜卑金属＜貴金属」である。

【貨幣（金・銀）量と実物変数の因果を否定】

スミスは「ヨーロッパにおける金銀の量の増大と製造業や農業の発展とは、ほぼ同じ時期に起ったものではあるが、きわめて異なる原因から生じ、相互にほとんどなんの自然的関連のない２つの出来事なのである。」（訳書Ⅰp. 470）と述べ、貨幣（金・銀）量と実物変数の因果を完全に否定している。つまり、金・銀の量の増大はアメリカ諸鉱山発見という単なる偶然から生じたものであり、製造業・農業の発展は封建制度の崩壊から生じたものであると論じている。

【一国の富裕・貧困の判断：絶対価格 vs. 相対価格】

スミスは、第１に財貨一般、あるいはとくに穀物の価格の高低からは、そのときにたまたま商業世界に金・銀を供給していた諸鉱山が豊鉱であったか貧鉱であったかを推論できるだけであって、その国の富裕・貧困を推論できない、第２にある種の財貨の価格が他の種の財貨の価格に比して高い・低いことからは、ほぼ確実にその国の富裕・貧困を推論できる、と論じている。

【国の繁栄状態についての基準】

スミスは、「財貨の価値の上昇」と「銀の価値の低落」の区別は国の繁栄状態についての基準を提供するものであると指摘し、ある種類の食料品の価格の上昇が、第１に銀の価値の低落に基づくものであるならば、それはアメリカの諸鉱山が豊かであることを示している、第２にその食料品を生産する土地の真の価値の増大、つまりその土地の産出力の増進に基づくものであるならば、それはその国の繁栄と進歩の状態を示している、と論じている。

【鉱山の産出力の増大と銀の価値】

　『国富論』第4篇第5章は、鉱山の産出力の増大と銀の価値の関係を論じている。

（1）鉱山の産出力が増大すれば、銀の価値は低下し、それは産業界に均等に作用するので、どの特定の国にとっても問題はない。

（2）銀の価値の低下はあらゆる貨幣価格の上昇をもたらし、貨幣を受け取る人々（賃金を受け取り、財貨を購入する人々）の実質の豊かさは変わらない。

（3）ある国の特殊事情の結果として、その国のみに生じる銀の価値の低下はすべての人々を貧しくする。というのは、その国のみに特有の、あらゆる商品の貨幣価格の上昇はあらゆる種類の産業（農業、製造業）を阻害するからである。

ポイント

（1）第1にGDPが増えれば貨幣需要（銀に対する需要）が増大すること、第2に富者が増えれば銀器や銀の装飾品に対する需要が増大することが、銀の価値を上昇させた。また、銀の生産量（供給）が減少したことが銀の価値を上昇させた。

（2）金銀は、最も富んだ国民のあいだで最も高価であり、最も貧しい国民のあいだで最も価値の小さいものである。

（3）貨幣（金・銀）量と実物変数の因果はない。金・銀の量の増大はアメリカ諸鉱山発見という単なる偶然から生じたものであり、製造業・農業の発展は封建制度の崩壊から生じたものである。

（4）「財貨の価値の上昇」と「銀の価値の低落」の区別は国の繁栄状態についての基準を提供するものである。ある種類の食料品の価格の上昇が、第1に銀の価値の低落に基づくものであるならば、それはアメリカの諸鉱山が豊かであることを示している、第2にその食料品を生産する土地の真の価値の増大、つまりその土地の産出力の増進に基づくものであるならば、それはその国の繁栄と進歩の状態を示している。

（5）鉱山の産出力が増大すれば、銀の価値は低下し、それは産業界に均等に作用するので、どの特定の国にとっても問題はない。銀の価値の低下はあらゆる貨幣価格の上昇をもたらし、貨幣を受け取る人々（賃金を受け取り、財貨を購入する人々）の実質の豊かさは変わらない。

（6）ある国の特殊事情の結果として、その国のみに生じる銀の価値の低下
はすべての人々を貧しくする。というのは、その国のみに特有の、あらゆ
る商品の貨幣価格の上昇はあらゆる種類の産業（農業、製造業）を阻害す
るからである。

8　金の価値 vs. 銀の価値（第1篇第11章）

【金高・銀安：金の価値 vs. 銀の価値】

　スミスによれば、アメリカの諸鉱山の発見前は「純金1オンス＝純銀10
～12オンス」であったが、発見後（1600年代中葉ごろ）は「純金1オンス＝
純銀14～15オンス」であり、金高・銀安である。金・銀の真の価値、す
なわち金・銀が購買しうる労働量はともに減少したが、銀が購買しうる労働
量の減少は金が購買しうる労働量の減少よりも大きかった。

　スミスは、金高・銀安の理由として、「アメリカの金山も銀山も、産出力
においては従来知られていたすべての鉱山に比して卓越していたが、銀鉱山
の産出力のほうが金鉱山のそれよりも、さらにいっそう大きかったように思
われる。」（訳書 p. 422）と述べている。つまり、「銀鉱山の産出力（供給量）
＞金鉱山の産出力（供給量）」であったので、金高・銀安であったのである。

【金銀の比価：ヨーロッパ・カルカッタの金高・銀安 vs. 日本の金安・銀高】

　スミスによれば、ヨーロッパからインドへ年々多量の銀が運ばれ、金銀の
比価は、ヨーロッパ・カルカッタにおいて「純金1オンス＝純銀15オンス」、
シナにおいて「純金1オンス＝純銀10～12オンス」、日本において「純金
1オンス＝純銀8オンス」であった。ヨーロッパ・カルカッタが金高・銀安
の国であったのに対し、日本は金安・銀高の国であった。

【金・銀の「量 vs. 価値」】

　スミスは「2種の商品（金・銀―引用者注）のおのおのの価値の通常の比率
は、ふつう市場にあるそれらの量の比率とかならずしも一致はしない。（中

略）市場にもたらされる安価な商品の全量は、高価な商品の全量にくらべて、ふつうは量も大きいばかりか価値も大きい。」（訳書Ⅰp. 423）と述べている。つまり、「銀＝安価な商品、金＝高価な商品」であり、通常の市場では「銀の全量＞金の全量」「銀の全量の価値＞金の全量の価値」である。

【銀の数量・価格：富んだ国 vs. 貧しい国】

スミスによれば、「富んだ国の金・銀価格＞貧しい国の金・銀価格」であるので、貴金属（金・銀）は富んだ国に集まる。スミスは「貴金属の数量の増加はどの国でも富（GDP―引用者注）の増大にもとづくものであって、この数量の増加そのものには価値を減少させる傾向はないのである。」（訳書 p. 431）と述べている。

【原生産物の価格は社会が豊かになるにつれて上昇する】

スミスによれば、原生産物（家畜、家禽、鉱物など）の価格は社会が豊かになるにつれて上昇するとされ、スミスは「改良の進歩につれて上昇するのはこれら商品の名目上の価格だけではなく、真の価格もまた上昇するのである。」（訳書Ⅰp. 431）と述べている。つまり、GDPが増大するにつれて、原生産物（家畜、家禽、鉱物など）の「真の価格（労働量で測った価値）」は上昇する。

ポイント
（1）「銀鉱山の産出力（供給量）＞金鉱山の産出力（供給量）」であったので、金高・銀安であった。
（2）「富んだ国の金・銀価格＞貧しい国の金・銀価格」であるので、貴金属（金・銀）は富んだ国に集まる。

9　GDP増大の原生産物価格への影響（第1篇第11章）

【富の増大と3種類の原生産物の「真の価格」】

富（GDP）の増大の影響の視点から、スミスは、原生産物を以下の3種類

に整理分類している。

(1) 人間の勤労では数量をほとんど増やすことができない原生産物

　GDPの増大につれて、原生産物の真の価格は限界なく上昇する。

(2) 人間の勤労によって、需要増に応じて数量を増やすことができる原生産物

　GDPの増大につれて、原生産物の真の価格は上昇するが、一定の限度がある。

(3) 勤労の影響に限度がある、または不確実である原生産物

　GDPの増大につれて、原生産物の真の価格は上昇することも、下落することも、不変であることもある。

【第1の種類の原生産物：数量を増やすことができない】

　第1の種類の原生産物（人間の勤労では増産できない原生産物）の例は野鳥・野獣などであり、一方でGDP増大に伴って奢侈が増えると野鳥・野獣などに対する需要は増大し、他方で野鳥・野獣などの供給量はほぼ不変であるので、野鳥・野獣などの真の価格は限界なく上昇する。

【第2の種類の原生産物：需要増に応じて数量を増やすことができる】

　第2の種類の原生産物（人間の勤労によって需要増に比例して数量を増やすことができる原生産物）の例は畜牛・鹿肉などであり、一方でGDP増大に伴って畜牛・鹿肉などに対する需要は増大し、他方で畜牛・鹿肉などの供給は需要増に対応しきれず、畜牛・鹿肉などの真の価格は上昇する。ただし、真の価格は上昇しすぎると、畜牛・鹿肉などのさらなる供給増をもたらすので、一定の上限がある。

【第3の種類の原生産物：勤労の影響に限度がある、または不確実である原生産物】

　第3の種類の原生産物（数量を増やそうとしても人間の勤労の効果に限度がある、あるいは不確実である原生産物）の例は羊毛・生皮などであり、GDPの増大に

つれて、原生産物の真の価格は上昇することも、下落することも、不変であることもある。

【改良の進歩と製造品の真の価格】

　製造業の製品の真の価格は改良の進歩により低下する。スミスは「より良い機械、よりすぐれた技巧、そしてより適切な作業の分割と配分、これらはすべて改良の自然的効果であるが、これらの結果、ある特定の仕事を仕上げるのに要する労働量ははるかに少なくなってくる。そして、社会の繁栄状態の結果として、労働の真の価格がいちじるしく上昇することがあっても、労働量の大幅な減少はその価格（賃金―引用者注）にたまたま生じる最大の騰貴を償ってもなおあまりあるものであろう。」（訳書Ⅰ pp. 478-479）と述べている。つまり、改良の進歩（より良い機械、よりすぐれた技巧、そしてより適切な作業の分割と配分）は賃金を著しく上昇させることがあるが、労働投入量の減少により、製品の真の価格を低下させる。

ポイント

（1）GDPの増大につれて、第1に「人間の勤労では数量をほとんど増やすことができない原生産物」の真の価格は限界なく上昇する。第2に「人間の勤労によって、需要増に応じて数量を増やすことができる原生産物」の真の価格は上昇するが、一定の限度がある。第3に「勤労の影響に限度がある、または不確実である原生産物」の真の価格は上昇することも、下落することも、不変であることもある。

（2）改良の進歩（より良い機械、よりすぐれた技巧、そしてより適切な作業の分割と配分）は賃金を著しく上昇させることがあるが、労働投入量の減少により、製造品の真の価格を低下させる。

10　大国の通貨 vs. 小国の通貨（第4篇第3章）

【大国の通貨 vs. 小国の通貨】

　スミスによれば、大国の通貨は自国の鋳貨から成り立っているが、小国の

通貨は自国の鋳貨に、その住民が絶えず往来しているすべての隣国の鋳貨が大量に混じっている。

【小国の外国為替相場は自国通貨安・外国通貨高】

　スミスによれば、小国の通貨は、諸外国において、低く評価されがちであったので、外国為替を購入するときは不利である、つまり外国為替相場は自国通貨安・外国通貨高であった。

（1）小国は、貿易の利害に注目し始めると、自国通貨安・外国通貨高を是正するために、外国為替（外国通貨）に対しては、自国通貨ではなく、「国の信用にもとづいてその保護のもとに設立された特定銀行宛の支払指図書によるか、もしくは、その銀行の帳簿上の振替によって支払われるべきことを、しばしば法制化したのであり、また、この銀行は、つねに国の法定純分標準に正確に合致した良質真正な貨幣で支払うよう義務づけられていた。」（訳書Ⅱp. 204）アムステルダム預金銀行の「銀行貨幣」は小国の通貨よりも良質であったので、若干のプレミアムを有した。

（2）アムステルダム預金銀行の「銀行貨幣」は小国の通貨よりも良質であるという利点のほかに、「火災、盗難、その他の事故の危険がなく安全である」「アムステルダム市が銀行貨幣を保証している」「計算の手数をかけずに、また、ある地から他へ現送する危険もなしに、ただ帳簿上の振替によって、支払ができる」（訳書Ⅱp. 206）といった利点がある。

（3）アムステルダム預金銀行の「銀行貨幣」はプレミアムが付いているので、銀行に預け入れられた貨幣はそのまま預け置かれたままであった。というのは、銀行信用（銀行貨幣）の所有者は預金引き出しを行えばプレミアムを失うからである。

┌─ **ポイント** ─────────────────────
│（1）大国の通貨は自国の鋳貨から成り立っているが、小国の通貨は自国の
│　　鋳貨に、その住民が絶えず往来しているすべての隣国の鋳貨が大量に混
│　　じっている。

（2）小国の通貨は、諸外国において、低く評価されがちである。

注

（注1）『国富論』第4篇第6章は「貨幣が重量によらずに箇数で授受されるところでは、造幣手数料こそ、鋳貨鎔解にたいするもっとも有効な予防策であり、また、同じ理由から、鋳貨輸出にたいするもっとも有効な予防策でもある。鎔解されたり輸出されたりするのは、一般に、最良の、もっとも重い鋳貨である。それは、そういう鋳貨だと、もっとも儲けが大きいからに他ならない。」（訳書Ⅱ pp. 340-341）と述べている。

（注2）スミスは、「節約で勤勉な人々の数＞浪費的で怠惰な人々の数」であり、浪費家による資本の使用について、「（資本を—引用者注）無駄に使ってしまうために借りる人はまもなく破滅するであろうし、また、この人に貸した人は自分の愚かさを後悔するのがふつうである。したがって、そのような目的のために借りたり貸したりするのは、野卑な高利貸は別として、どんな場合にも当事者双方の利益に反することである。」（訳書Ⅰ p. 660）と述べている。

（注3）地代の再生産について、スミスは「この地代は、このような自然の力の産物とみなすことができるのであって、この力の使用を、地主は農業者に貸し付けるのである。」（訳書Ⅰ p. 682）と述べている。

（注4）スミスは、卸売商人は、輸送する水夫や運送人を雇用して、財貨の価格を、自分の利潤の価値分と、水夫や運送人の賃金の価値分だけ増加させると論じている。

（注5）スミスは「ある資本の所有者がその資本を、農業に用いるか製造業に用いるか、それとも卸売業や小売業のある特定部門に用いるかを決定する唯一の動機となるものは、自分自身の私的利潤にたいする配慮である。」（訳書Ⅰ p. 700）と述べている。

（注6）「金貨・銀貨が海外に送られる」のは財貨の輸入の決済によってである。スミスは、輸入目的として、第1に他国に輸出するために輸入する（「中継貿易」）、第2に国内消費のために輸入する、の2つを挙げ、国内消費のための外国財貨輸入は、第1に「何も生産しない怠惰な人々」向け、第2に「勤勉な人々」向けであると整理している。スミスは、「何も生産しない怠惰な人々」向けの輸入は生産を増進することはなく、浪費を促進し、社会にとって有害である、「勤勉な人々」向けの輸入は勤勉な人々を雇用するための材料、道具、食料品の輸入であり、勤労を促進すると論じている。

（注7）スミスは「このキャッシュ・アカウントのおかげで、あらゆる商人は無謀に走らず、それのない場合よりも多額の取引をすることができる。」（訳書Ⅰ p. 551）と述べている。

第3章 経済史

（第3篇第1～4章）

【『国富論』第3篇の内容】

　スミス『国富論』第1、2篇は経済の理論を取り上げているのに対し、第3篇は経済の歴史を取り上げている。すなわち、ローマ帝国没落後のヨーロッパにおける「都市 vs. 農村」「製造業・商業 vs. 農業」の発展史を資本の論理から整理している。

1　経済の発展はまずは農業、次に製造業（第3篇第1章）

【「都市 vs. 農村」の分業】

　スミスによれば、文明社会における大規模商業は「都市 vs. 農村」間取引である。つまり、農村は農産物（生活資料：未加工の原生産物）を、都市は製造品（便益品・奢侈品）をそれぞれ分業生産し、一方で農村は生活維持に必要な農産物をまず確保し、次にそれを超える余剰農産物を都市へ生活資料として送り出し、農村に必要な製造品と交換する、他方で都市は製造品を農村へ便益品・奢侈品として送り出し、都市に必要な余剰農産物と交換する。そして、「都市 vs. 農村」の分業について、スミスは「両者（都市 vs. 農村―引用者注）の利得は相互的であり互恵的であって、分業はこの場合も、（中略）細分化された、さまざまの職業に従事する、あらゆる人々にとって有利なのである。」（訳書 Ⅱ p. 17）と述べている。つまり、都市の住民と農村の住民は互いに相手への奉仕者である。

【富裕になるには農産物の確保】

　農産物（生活資料）は、製造品（便益品・奢侈品）に先だって必要であるので、経済の発展は、「まずは農業、次に製造業」「まずは農村、次に都市」ということになるが、都市は農産物（生活資料）を国内の農村からではなく、国外の農村から購入することも可能であり、スミスは、これに関して、「このことは、［都市が農村の余剰生産物の増加によって発展するという］一般原則の例外となるわけではないが、しかしこれが、時代により国民により、富裕になる進路に大きな差異を生じさせた原因ではある。」（訳書 Ⅱ p. 19）と述べている。一国が富裕になる、都市が富裕になるには、一にも二にも農産物（生活資料）の確保が必要であり、それは国内の農業によってか、国外の農業によってかのいかんにかかわらずである。

【スミスの「都市・職人 vs. 農村・農場主」に対する評価】

　スミスは、人間自然の傾向によって、「まずは農業、次に製造業」「まずは農村、次に都市」が促進されると論じ、以下の 4 つの理由で、農業、農村生活を勧めている。

（1）利潤率がほぼ等しいならば、農業、製造業、外国貿易の順番で資本が投下されるのが自然である。つまり、利潤率がほぼ等しいならば、資本を製造業、外国貿易に投下するよりも、土地の改良・耕作に投下するほうが「人の為す業としては」安全である。

（2）「農村の美しさ、田園生活の楽しさ、それが保障する心の安らぎ、そして（中略）田園生活がかならず与えてくれる独立自主」（訳書 Ⅱ p. 20）は万人をひきつける魅力である。

（3）「大地を耕すことはそもそも人間の本来の使命であったから、人間は（中略）とくにこの原始的な職業を愛好している」（訳書 Ⅱ p. 20）

（4）「職人は顧客の召使であり、顧客に食べさせてもらっているが、自分の土地を耕作し、必要な生活資料を自分の家族の労働で獲得する農場主こそは、真に一本立ちの主人であり、世間から完全に独立している」（訳書 Ⅱ p. 22）

2　農業の発展と「大地主 vs. 奴隷・分益小作・農業者」（第 3 篇第 2 章）

【土地の相続：ローマ人は無差別相続 vs. 野蛮民族は長子相続】

　野蛮民族がローマ帝国の西部諸領に侵略したことにより、第 1 に野蛮民族の略奪暴行は「都市 vs. 農村」間の商業取引を妨げた、第 2 に土地を耕す人がなく、農村は荒廃した、第 3 に野蛮民族は諸国の土地の大部分を獲得し、この土地の大半は一握りの大土地所有者によって独占された。

　この独占された土地について、スミスは「土地の相続について長幼男女のあいだになんの差別もしなかったローマ人のもとでは、この自然な相続法（家族の子供全員の間に土地を分配―引用者注）が行なわれていたわけである。ところが、土地が、単に生活手段たるのみでなく、地主の権力とその借地人の保護の手段とみなされるようになると、（長子相続法あるいは限嗣相続制などによって―引用者注）土地を分割せずに 1 人に伝えるほうがよいと考えられた。」（訳書 II p. 28）と述べている。

【大地主と土地の耕作・改良】

　土地の大半は一握りの大土地所有者によって独占されるようになり、大地

主は、乱世の時代であったので領地の防衛・拡大に多忙であり、土地の耕作・改良に精を出す暇はなかった。かくて、土地の耕作・改良は以下のようになされた。

（1）奴隷

　スミスは「人間には自尊心があるので、威張ることが好きである。したがって、目下の者を説得するために自分が下手に出なければならないということほど、人に屈辱感を与えるものはない。（中略）人は一般に、自由人よりも奴隷を使うほうを好むであろう。」（訳書Ⅱp. 36）と述べている。奴隷は、財産を取得することを認められておらず、したがって、スミスは「財産を取得できない人間は、できるだけたくさん食べ、できるだけ少ししか働かないことだけを考え、ほかにはなんの関心も示さないものである。奴隷の生活資料をまかなうのに十分な量を超えて、さらに仕事をさせるということは、ただ力づくでのみできるのであって、奴隷がすすんで働くなどということはない。」（訳書Ⅱp. 35）と述べている。つまり、大地主は土地の耕作・改良に奴隷を使うようになったが、奴隷が地主のためにすすんで働くことはなかった。

（2）分益小作

　「分益小作」（農民）は自由人であり、財産を取得することを認められているので、自分の取り分をできるだけ多くするために、全生産物を可能な限り多くしようとする。つまり、分益小作は、地主から農地を耕作するのに必要な資本を給付され、生産物は資本を維持するために必要と判断された分を控除したのち、地主と「分益小作」の間で均等に分けられる。

（3）農業者

　「農業者」は地主に対してある一定の地代を支払い、自らの資本で土地の耕作を行う人々である。農業者（借地人）が自らの資本を土地改良に投下するのか否かは借地権の期間・安定性しだいであったが、地主が往古ヨーロッパでは立法者であったので、土地に関する法律はすべて地主に有利なように立案され、長期の借地権は保障されなかった。農業者の義務（地主に対する地代支払い、公的・私的役務・賦役の提供、公的租税など）あるいは農産物取引の制限（穀物輸出の禁止、国内取引の制限など）は農業の発展を阻止するものであった。

【農業者の社会的地位と農業の発展】

　農業者の社会的地位は低かったので、スミスは「かなりの資本をもっている者が、社会的に劣る地位につくために、優っている地位を捨て去るというようなことは、まずありえないことである。（中略）資本が、なにか他の職業から、土地を借りて農業を営むという形で土地の改良に向うようなことはほとんどなかろう。」（訳書Ⅱ pp. 46-47）と述べている。つまり、農業に従事する者の社会的地位の低さが農業の発展を阻害したのである。

> **ポイント**
>
> （1）大地主は、乱世の時代であったので領地の防衛・拡大に多忙であり、土地の耕作・改良に精を出す暇はなかった。
>
> （2）大地主は土地の耕作・改良に奴隷を使うようになったが、奴隷が地主のためにすすんで働くことはなかった。
>
> （3）「分益小作」（農民）は自由人であり、財産を取得することを認められているので、自分の取り分をできるだけ多くするために、全生産物を可能な限り多くしようとする。
>
> （4）「農業者」は地主に対してある一定の地代を支払い、自らの資本で土地の耕作を行う人々である。農業者の義務（地主に対する地代支払い、公的・私的役務・賦役の提供、公的租税など）あるいは農産物取引の制限（穀物輸出の禁止、国内取引の制限など）は農業の発展を阻止するものであった。
>
> （5）農業に従事する者の社会的地位の低さが農業の発展を阻害した。

3　資本は農村から都市へ（第3篇第3章）

【資本は農村から都市へ：都市の住民 vs. 農村の住民】

　ローマ帝国没落後は、一方で土地所有者は所領内の城に借地人などに囲まれて住み、他方で商人・職人は都市に領主のほぼ奴隷状態で住んでいた。しかし、ヨーロッパのいくつかの主要都市の住民に対しては、特許状によって特権が授与された。つまり、都市の商人（行商人）は、「君主（国王）vs. 領主」

の対立軸の中で、国王あるいは領主によって通行税、橋税、積荷税、出店税などが免除され、「自由商人」と呼ばれた。自由商人と呼ばれるようになった都市商人は、諸税免除の代わりに、保護者（国王あるいは領主）に対して一種の人頭税を支払うようになった。

　スミスによれば、都市の住民は農村の住民よりも早くに自主独立の状態に到達し、「農奴的な奴隷状態に苦しめられている貧しい耕作者の手中に、少しばかりの資本でもたまれば、かれは（中略）これを主人の眼から隠したであろう。さもないと、この小資本は主人のものになってしまうのである。（中略）農村の住民のうち勤勉な人々の手中に蓄積された資本は、すべて、これを獲得した人にとって資本の安全を保障する唯一の聖域たる都市に、おのずと難を逃れたのである。」（訳書Ⅱp. 64）つまり、資本は農村から都市へ流れたのである。

【都市住民の生活資料・原材料と「国内農村 vs. 国外農村」】

　都市の住民は、生計活動のための生活資料と産業活動のための原材料をつねに農村から得なければならないが、事情が許せば「国内農村」「国外農村」のいずれからでも調達できる。とくに、海岸あるいは航行可能な河川の沿岸に位置する都市住民は、生活資料・原材料を必ずしも近隣農村から得なければならないわけではなく、世界中のいたるところから調達できる。

【大国の製造業：農業の末裔 vs. 外国貿易の末裔】

　スミスは「外国貿易によって、よりいっそう精巧で改良された製造品にたいする嗜好が、そうしたものの製造が行なわれていない諸国に持ち込まれた。けれども、こうした好みがおおいに広まって、かなりの需要を生ずるようになると、商人たちは輸送費を節約するため、おのずから同種の製造業を自国内に起こそうと努めはじめたのである。」（訳書Ⅱp. 66）と述べ、国内で営まれる製造業を何ひとつ持たない大国は存在しえないと論じている。

　スミスは、大国に存在する製造業は、2つの異なった経路で、異なった地域に勃興したと論じている。

（1）農業の末裔

　大国に存在する製造業は、貧困かつ未開の地域においてさえ営まれている
家内工業的な、比較的粗製の製造業が次第に精巧なものになることによって
成長したものである。「農業の末裔」としての製造業は、主として自国産原
料で営まれた。

（2）外国貿易の末裔

　大国に存在する製造業は、同種の外国製造業を模倣して、特定の企業家た
ちが始めたものである。「外国貿易の末裔」としての製造業は、主として外
国産原料で営まれた。

ポイント

（1）都市の住民は農村の住民よりも早くに自主独立の状態に到達し、資本
　　は農村から都市へ流れた。
（2）海岸あるいは航行可能な河川の沿岸に位置する都市住民は生活資料・
　　原材料を必ずしも近隣農村から得なければならないわけではなく、世界中
　　のいたるところから調達できる。
（3）国内で営まれる製造業を何ひとつ持たない大国は存在しえない。大国
　　に存在する製造業は、第1に貧困かつ未開の地域においてさえ営まれて
　　いる家内工業的な、比較的粗製の製造業が次第に精巧なものになることに
　　よって成長したもの、第2に同種の外国製造業を模倣して、特定の企業
　　家たちが始めたものである。
（4）「農業の末裔」としての製造業は主として自国産原料で営まれ、「外国
　　貿易の末裔」としての製造業は主として外国産原料で営まれた。

4　都市商工業は農村の耕作・改良に貢献（第3篇第4章）

【都市の商人 vs. 農村の地主】

　スミスによれば、「都市の商人 vs. 農村の地主」のちがいは以下のような
ものである。

（1）貨幣の使用：都市商人の儲けの多い計画 vs. 農村地主の浪費

都市の商人は貨幣を儲けの多い計画に使うことに慣れ、農村の地主は貨幣を浪費に使うことに慣れている。この違いについて、スミスは「この習慣の差異は、どんな仕事をする場合にも、おのずからかれらの気質や傾向に影響を及ぼす。」(訳書Ⅱ p. 75)と述べている。

(2) 企業家：都市商人は大胆な企業家 vs. 農村地主は臆病な企業家

　都市の商人は大胆な企業家であり、農村の地主は臆病な企業家である[注1]。

【都市商工業の農村への貢献】

　スミスは、都市の商工業は農村の耕作・改良の原因・誘因であったと指摘し、商工都市の発達は、以下の3つの方法で、農村の耕作・改良に貢献したと論じている。

(1) 都市は農村から原生産物を購入することで、農村の耕作・改良に貢献した。近隣農村から都市への原生産物の輸送費用は少なくて済むので、都市近隣農村は市場から最も大きな利益を得ることができる。

(2) 都市の住民は田舎の地主になることを熱望し、農村で売りに出ている未耕地を購入し、農地の最も優れた改良を行った。

(3) 農村の住民は、第1に隣人とは戦闘状態であり、第2に領主に対しては奴隷的従属状態であったが、都市の商工業は、農村に、第1に秩序と善政をもたらし、第2に個人の自由と安全をもたらした。

【外国貿易・製造業の有無と大地主】

　スミスによれば、往時にあっては、国王は王国内の最大の土地所有者以上のものではなく、所領外では権威を有しなかった。王国内の大地主は所領内に住むすべての人々（借地人、寄食者など）に対して平時では裁判官として、戦時では指揮官として、秩序を維持し、法律を執行することができた。

　スミスは「外国貿易も比較的精巧な製造業もないような国では、大地主は、土地の生産物のうち、耕作者の生活維持に必要なもの以上の余剰の大部分と交換できるようなものが、なに一つないので、余剰のすべてを自分の家で田舎ふうな客人のもてなしに浪費してしまう。」(訳書Ⅱ p. 76)と述べている。

すなわち、所領内の全余剰生産物と交換できるものがない状況下では、大地主は所領内に住むすべての人々（借地人、寄食者など）に大盤振る舞いを行うこと以外に方策はなく、それは大地主と借地人・寄食者間に服従関係をもたらした。しかし、外国貿易や精密な製造業が存在するようになると、大地主は所領内の全余剰生産物を自己消費できるようになり、それに関して、スミスは「およそあらゆる虚栄のなかでもっとも子供じみた、もっとも賤しい、そしてもっとも欲に目のくらんだ虚栄を満たすことと引換えに、大地主たちは、次第に自分の勢力と権威のすべてを手放してしまったのである。」（訳書Ⅱ p. 83）と述べている。

【大地主 vs. 借地人：長期借地契約の起源】

スミスによれば、大地主の自己消費が増大していくと、大地主は、不要な借地人・寄食者を減らし、農民から農地の全価値を厳しく取り立てるために、地代を引き上げようとした。借地人は、土地改良に投下した資本が利潤を伴って回収されうるだけの借地権期間が保障されるのであれば、地代引き上げを受け入れようとしたので、贅沢な虚栄心にとりつかれた大地主は、地代引き上げの対価として、喜んで借地権の長期化を認めた。これが長期借地契約の起源である。

【発展にとって農業は頼りになるが、商工業は頼りにならない】

スミスは、「商工業 vs. 農業」のちがいについて、以下のことを指摘している。

（1）富が商工業に依存しているヨーロッパ諸国の進歩は、富が農業の上に築かれている北アメリカ植民地（米国）の進歩より遅い。

（2）一国の発展にとって農業は頼りになるが、商工業は頼りにならない。「およそ商工業によって一国が獲得する資本は、そのうちのある部分が国土の耕作や改良に実際に投下され、不動産化されるまでは、いつ手許を離れていくかわからない、きわめて不安定で不確実なものである。」（訳書Ⅱ p. 94）

（3）農業の改良によって生じる富は、商工業によって生じる富よりも耐久

力がある。

かくて、スミスは、農業の重要性をことさらに強調し、「贅沢な虚栄心にとりつかれた大地主（愚かな人々）」「貨幣を儲けの多い計画に使うことに慣れている都市商工業者（勤勉な人々）」は社会に貢献するつもりなど少しもないと論じている。

【小地主は勤勉で、聡明で、成功する者】

スミスは「小地主というものは、かれの小さな所有地の隅から隅まで知っており、財産のなかでもとくに小財産がおのずからはぐくむ愛情をもって、かれの小所有地を見守るものであり、（中略）すべての改良者のなかでもっとも勤勉で、もっとも聡明で、かつもっとも成功する者たちなのである。」（訳書Ⅱp.89）と述べている。

> **ポイント**
>
> （1）都市の商人は貨幣を儲けの多い計画に使うことに慣れ、農村の地主は貨幣を浪費に使うことに慣れている。都市の商人は大胆な企業家であり、農村の地主は臆病な企業家である。
>
> （2）商工都市の発達は農村の耕作・改良に貢献した。
>
> （3）所領内の全余剰生産物と交換できるものがない状況下では、大地主は所領内に住むすべての人々（借地人、寄食者など）に大盤振る舞いを行うこと以外に方策はなく、それは大地主と借地人・寄食者間に服従関係をもたらした。外国貿易や精密な製造業が存在するようになると、大地主は所領内の全余剰生産物を自己消費できるようになり、自分の勢力と権威のすべてを手放してしまった。
>
> （4）富が商工業に依存しているヨーロッパ諸国の進歩は、富が農業の上に築かれている北アメリカ植民地（米国）の進歩より遅い。
>
> （5）一国の発展にとって農業は頼りになるが、商工業は頼りにならない。農業の改良によって生じる富は、商工業によって生じる富よりも耐久力がある。
>
> （6）小地主は、彼の小さな所有地の隅から隅まで知っており、すべての改良者のなかでもっとも勤勉で、もっとも聡明で、かつもっとも成功する者たちである。

注

（注 1）スミスは「商業活動が商人にたいしておのずともたらす秩序、経済、注
意といった習慣は、商人をば、どのような改良計画にしても、利潤をあげて
成功裡に遂行することに、よりよく適合させるのである。」（訳書 Ⅱ p. 76)
と述べている。

第4章　経済学説史・国際貿易：重商主義 vs. 重農主義

（第4篇序論, 第1〜9章）

【第4篇の内容】

　スミスは、第4篇を「経済学の諸体系について」としているが、取り上げている「重商主義 vs. 重農主義」は経済学の学派というよりは、「経済学上の主義」である。アダム・スミスの前には「経済学上の主義」はあっても「経済学」はなかったのである。『国富論』は価値創造の話であり、商業主義・重商主義は「富＝金・銀」、重農主義は「富＝農業生産物」であるが、『国富論』は「富＝GDP（付加価値）」である。

1　商業主義・重商主義 vs. 農業主義・重農主義（第4篇序論, 第8, 9章）

【経済学の2つの目的：国民と国家を富ませる】

　『国富論』第4篇で、はじめて「政治経済学」「経済学」という用語が出てくる。スミスによれば、「政治経済学」は「政治家あるいは立法者たるものの行なうべき学の一部門」であり、以下の2つの目的をもっている（訳書II p. 101）。

(1)「国民に豊かな収入もしくは生活資料を供給すること」、つまり「国民にそうした収入や生活資料を自分で調達できるようにさせること」

(2)「国家すなわち公共社会にたいして、公務の遂行に十分な収入を供すること」

　つまり、スミスによれば、経済学の目的は、国民と国家（主権者）をともに富ませることである。

【2つの「経済学上の主義」：商業主義 vs. 農業主義】

スミスは「時代が異なり、国民が異なるにつれて、富裕になる進路も異なったが、この違いが、国民を富ませる方途について、二つの異なった経済学上の主義を成立させた。その一つは商業主義、他の一つは農業主義とよんでよかろう。」(訳書 II p. 101) と述べ、『国富論』「第4篇　経済学の諸体系について」は「商業主義・重商主義」「農業主義・重農主義」といった2つの「経済学上の主義」を取り上げ、そして『国富論』は「経済学の体系化」をはじめて行っている。

【「商業主義・重商主義 vs. 農業主義・重農主義」に対するスミスの理解と評価】

重商主義と重農主義は「経済学上の主義」である。

(1) 商業主義・重商主義

①重商主義は、第1に富は「貨幣すなわち金銀」(訳書 II p. 103) のことである、第2に多額の貨幣を持っている人を「富者」、わずかの貨幣しか持っていない人を「貧者」である、第3に貨幣以外のすべての動産はきわめて消耗しやすい性質であるので頼りにならない、と考えている。

②重商主義の主張は、国の富は金・銀であり、金・銀を増やすためには、貿易収支を黒字にしなければならないというものである。

③重商主義は「その本質と真髄において制限と統制の政策体系」(訳書 II p. 567) であり、重商主義政策は富者・権力者の利益になるが、貧者・窮迫者にとっては不利益である。

④重商主義は、農業よりも製造業と外国貿易を奨励している。

(2) 農業主義・重農主義

①重農主義は、土地の生産物が一国の富の唯一の源泉であると主張している。「都市の産業 (製造業・商業) vs. 農村の産業 (農業)」に関して、フランスの大臣コルベールが重商主義思想のもとで製造業・商業を奨励するために農業を衰退させた反動から、フランスの学者が農業こそ一国の富の唯一の源泉であると唱えるようになった。

②重農主義は不完全ではあるが、もっとも真理にせまったものである。

③重農主義の「土地で使用される労働が唯一の生産的労働である」という主張は偏狭で局限されすぎてはいるが、一国の富が金・銀といった消費できないものであるとするのではなく、社会の労働によって年々再生産される消費できるものから成っているとするのは正当である。

④重農主義が主張する「完全な自由こそ、年々再生産される消費できるものを最大限にするための唯一の効果的な方策である」とするのは正当である。

⑤重農主義は寛大で自由で正当である。

⑥重農主義は、職人、製造業者、商人の階級が不毛かつ不生産的であると主張しているが、スミスはこの主張は決定的な誤りであると指摘している。

⑦重農主義は製造業と外国貿易よりも農業を奨励することによって、逆に農業を阻害している。というのは、「職人や製造業者の数を減らす役割をするものはすべて、土地の原生産物にたいするあらゆる市場のうちでもっとも重要な国内市場を狭くし、それによって農業をいっそう阻害する役割を果す。」(訳書Ⅱp. 606) からである。つまり、農業を振興するための農業偏重と製造業・外国貿易制限は、企図とは逆に、農業を間接的に阻害する。

【ヨーロッパ諸国は重商主義 vs. シナ・インド・エジプトは重農主義】

(1) 重商主義国:ヨーロッパ諸国

重商主義国は、農業よりも製造業と外国貿易を優遇する。

(2) 重農主義国:シナ、インド、エジプト

重農主義国は、製造業と外国貿易よりも農業を優遇する。

①シナ (中国)

シナ (中国) は、農業を他のあらゆる産業よりも優遇し、日本との貿易を別とすれば、自国の船で外国貿易をすることはなかった。製造業の発展は分業のいかんによるものであり、分業が製造業に持ち込まれる程度は市場の大きさによって規定されているが、シナの国内市場はヨーロッパのすべての国々の市場を全部合わせたものとほぼ等しいので、シナは単独で高度な細分化した分業を行うことができ、大規模な製造業を展開できた。

②インド

インドのヒンズー教徒政府は、農業を他のあらゆる産業よりも優遇し、ヒンズー教は信徒に水上で火を点ずることを許さなかったので、信徒は遠洋航海することを禁止された。

③エジプト

古代エジプトは、農業を他のあらゆる産業よりも優遇し、古代エジプト人は迷信的に海を嫌った。

ポイント

（1）『国富論』は価値創造の話であり、商業主義・重商主義は「富＝金・銀」、重農主義は「富＝農業生産物」であるが、『国富論』は「富＝GDP（付加価値）」である。

（2）重商主義の主張は、国の富は金・銀であり、金・銀を増やすためには、貿易収支を黒字にしなければならないというものである。重商主義は制限と統制の政策体系であり、重商主義政策は富者・権力者の利益になるが、貧者・窮迫者にとっては不利益である。重商主義は、農業よりも製造業と外国貿易を奨励している。

（3）重農主義の「土地で使用される労働が唯一の生産的労働である」という主張は偏狭で局限されすぎてはいるが、一国の富が金・銀といった消費できないものであるとするのではなく、社会の労働によって年々再生産される消費できるものから成っているとするのは正当であり、重農主義は、第1に不完全ではあるが、もっとも真理に迫ったものである。第2に寛大で自由で正当である。完全な自由こそ、年々再生産される消費できるものを最大限にするための唯一の効果的な方策であるとするのは正当である。

（4）重農主義は、職人、製造業者、商人の階級が不毛かつ不生産的であると主張しているが、スミスはこれは重農主義の決定的な誤りであると指摘し、重農主義は、製造業と外国貿易よりも農業を奨励することによって、逆に農業を阻害している。というのは、製造業者の数を減らす役割をするものはすべて、土地の原生産物に対する市場のうちで最も重要な国内市場を狭くし、それによって農業をいっそう阻害するからである。

2　商業主義・重商主義（第4篇第1章）

【商業主義・重商主義における金・銀と貿易収支】

　スミスによれば、商業主義・重商主義は、第1に「輸出＞輸入」ならば国内の金・銀量は増え、逆に「輸出＜輸入」ならば国内の金・銀量は減る。一国の富は金・銀の大きさで測られるので、国は金・銀を蓄積しようとする、第2に国は国外へ金・銀を持ち出すことを重刑をもって禁じたが、商人たちは「外国品を輸入するために金・銀を輸出することは、輸入品の再輸出によってむしろ国内の金・銀の量をしばしば増やす」と主張して、金・銀の国外持ち出し禁止は貿易上有害であると抗議した、第3に金・銀は価値の割りには嵩が小さく、容易に密輸出できるので、輸出を阻止できない、第4に自国通貨安・外国通貨高になると、貿易収支赤字は拡大し、金・銀をより多く輸出しなければならない、というものである。

　これに対して、スミスは「為替が高いこと（外国通貨高—引用者注）は、外国品の価格を高くし、その消費（輸入—引用者注）を減らすという点で、必然的に一種の税金として作用するにちがいない。それゆえ、為替が高いことは、いわゆる不利な貿易差額（貿易収支赤字—引用者注）を増加させるどころか減少させ、したがって、金銀の輸出を増加させるのではなくて減少させる傾向があるだろう。」（訳書 II pp. 110-111）と述べている。重商主義は外国通貨高の短期の影響、スミスは外国通貨高の中期の影響をそれぞれ問題にし、それはいわゆる現代経済学の「Jカーブ」の話であり、どちらも正しい議論である。

【重商主義は外国貿易重視 vs. スミスは国内商業重視】

　重商主義は、金・銀の大きさで国の富を測り、金・銀を国内にもたらすことができる外国貿易（輸出）を重視している。それに対して、スミスは「元来、国内商業は、あらゆる商業のなかでもっとも重要であり、他の商業に比べて、同額の資本で、その国民に最大の収入をもたらし、最大量の雇傭をつくり出すものである。」（訳書 II p. 112）と述べている。

【重商主義は貨幣重視 vs. スミスは財貨重視】

重商主義は貨幣（金・銀）を重視しているが、スミスは「財貨は、貨幣を買うことのほかにも、他のさまざまの目的に役立つが、これにたいして貨幣は、財貨を買うことのほかは、なんの役にもたたない。（中略）人が貨幣を求めるのは、貨幣そのものが欲しいからではなく、貨幣で買うことができる財貨が欲しいためなのである。」（訳書Ⅱ p. 120）と述べている(注1)。

【外国貿易の利益：重商主義 vs. スミス】

重商主義は外国貿易の利益は貨幣（金・銀）の獲得であると論じているが、スミスは「金銀の輸入は、一国民が外国貿易から得るおもな利益でもなければ、まして唯一の利益などではない。」（訳書Ⅱ p. 133）と述べ、外国貿易からは以下の2つの利益を得ることができると論じている。

（1）自国民の欲望の一部を満たすことによって、自国の余剰生産物に価値を与える

土地と労働の生産物のうち自国では需要のない生産物（余剰生産物）を外国に輸出して、それと引き換えに、国内で需要のある別の財貨を輸入する。

（2）社会の真の富（GDP）を増やす

一層広い市場を開くことによって余剰生産物を輸出できるので、労働を奨励して生産力を高める、つまり国内市場が狭隘であっても、技術の改良と製造業の分業を最高度の域にまで成熟させることによって、年々の生産物を最大限に増大させることができる(注2)。

【消費者 vs. 生産者：重商主義 vs. スミス】

スミスは「消費こそはいっさいの生産にとっての唯一の目標であり、かつ目的なのである。したがって、生産者の利益は、それが消費者の利益を促進するのに必要なかぎりにおいて配慮されるべきものである。」（訳書Ⅱ p. 557）と述べている。つまり、スミスは、重商主義は、第1に消費ではなく生産が究極の目標である、第2に消費者の利益は生産者の利益の犠牲になっている、第3に大製造業者以外の生産者の利益が大製造業者の利益の犠牲に

なっている、と批判している。

【重商主義国の経済政策の目的と 6 つの手段：6 つの重商主義政策手段】

　重商主義国は「一国の富は金・銀からなる」「金・銀鉱山のない国では、貿易収支黒字によってのみ金・銀を獲得できる」という 2 つの原理から、「国内消費用の外国品の輸入を減らす」「国内産業の生産物の輸出を増やす」という 2 つの目的のために、以下の 2 つの輸入制限策と 4 つの輸出奨励策の合計 6 つの政策手段を用いて、国内の金・銀の量（一国の富）を増やそうとしている。

(1) 国内消費用の外国品の輸入を減らす：2 つの輸入制限策

　①どの国からの輸入であるのかは問わず、自国で生産できるような国内消費用の外国品の輸入に対する制限

　②貿易収支赤字の大きい特定の諸国からの、あらゆる種類の財貨の輸入に対する制限

　輸入制限策は重税や絶対的禁止の形をとっている。

(2) 国内産業の生産物の輸出を増やす：4 つの輸出奨励策

　①戻税

　1 つは国内製造品が税をかけられている場合、もう 1 つは課税されている外国の財貨が輸入・再輸出される場合の、税額の全部・一部の払い戻し。

　②輸出奨励金

　輸出振興に寄与する、ある種の新興製造業や、その他特別の優遇に値すると考えられる産業への奨励金。

　③諸外国と比較して有利な通商条約

　諸外国と比較して有利な通商条約締結による特権獲得。

　④遠隔の土地に植民地を建設する

　遠隔の土地に植民地を建設することによる特権・独占権。

　重商主義国は、上記の 6 つの経済政策手段はすべて自国に貨幣（金・銀）をもたらすものであると論じているが、スミスは、これらの 6 つの経済政策手段の一国の産業の年々の生産物（つまり、一国の真の富）に与える影響を

第4篇第2～7章の6つの章でそれぞれ検討している。

【重商主義政策の2つの手段】

（1）輸出の奨励と輸入の阻止

　商品一般については、重商主義は輸出の奨励と輸入の阻止を行う。

（2）輸出の阻止と輸入の奨励

　ある特殊な商品については、重商主義は輸出の阻止と輸入の奨励を行う。すなわち、第1に製造業の原材料や職業上の用具（機械、道具など）といった、高価でない特定の商品の輸出を制限することによって、他の多くの商品をはるかに多量に、しかも高価格で輸出する、第2に製造業の原料の輸入を奨励することによって、労働者が商品を安く作り上げることを可能にし、外国の製造品が大量に輸入されることを防ぐ。

ポイント ───

（1）重商主義は、金・銀の大きさで国の富を測り、金・銀を国内にもたらすことができる外国貿易（輸出）を重視している。それに対して、スミスは、国内商業は、あらゆる商業のなかでもっとも重要であり、他の商業に比べて、同額の資本で、その国民に最大の収入をもたらし、最大量の雇用をつくり出すものであると論じている。重商主義は貨幣（金・銀）を重視しているが、スミスは財貨を重視している。

（2）金・銀は価値の割りには嵩が小さく、容易に密輸出できるので、輸出を阻止できない。

（3）重商主義においては、自国通貨安・外国通貨高になると、貿易収支赤字は拡大し、金・銀をより多く輸出しなければならない。これに対して、スミスは、外国通貨高は外国品の価格を高くし、その消費（輸入）を減らすので、貿易収支赤字を減らすと論じている。重商主義は外国通貨高の短期の影響、スミスは外国通貨高の中期の影響をそれぞれ問題にし、それはいわゆる現代経済学の「Jカーブ」の話であり、どちらも正しい議論である。

（4）重商主義は外国貿易の利益は貨幣（金・銀）の獲得であると論じているが、スミスは、外国貿易からは「自国民の欲望の一部を満たすことによって、自国の余剰生産物に価値を与える」「社会の真の富（GDP）を増

やす」の２つの利益を得ることができると論じている。

（5）アメリカの発見がヨーロッパを富ませたのは、金・銀をアメリカから輸入したからではなく、ヨーロッパのあらゆる商品に対して無限の新市場を開いて、新しい分業と技術の改良を引き起こしたからである。

（6）富んだ文明国民は、他の文明国民と通商するほうが、野蛮人や未開人と通商するよりもずっと大きな価値を交換できるものである。

（7）ヨーロッパ諸国は東インド貿易を排他的独占会社に委ねてしまったので、自由貿易による利益を得ることができなかった。

（8）消費はいっさいの生産にとっての唯一の目標であり、かつ目的である。したがって、生産者の利益は、それが消費者の利益を促進するのに必要な限りにおいて配慮されるべきものである。

（9）重商主義国は「一国の富は金・銀からなる」「金・銀鉱山のない国では、貿易収支黒字によってのみ金・銀を獲得できる」という２つの原理から、「国内消費用の外国品の輸入を減らす」「国内産業の生産物の輸出を増やす」という２つの目的のために、輸入制限策と輸出奨励策を用いて、国内の金・銀の量（一国の富）を増やそうとしている。

（10）重商主義は、一方で商品一般については輸出の奨励と輸入の阻止を行い、他方である特殊な商品については輸出の阻止と輸入の奨励を行っている。重商主義は「生ける職業用具（熟練職人）」の輸出（海外渡航）を禁止している。

3　農業主義・重農主義（第４篇第９章）

【農業主義・重農主義における国民の３つの階級：生産の観点から】

　重農主義は、「一国の土地および労働の年々の生産物」（GDP）への貢献の観点から、国民を３つの階級に分類している。

（1）土地所有者（地主）

　土地所有者は、土地の改良（建物、排水溝、囲い込みなどへの投資）によって、生産に貢献している。土地の改良（「土地への基礎投資」：訳書 Ⅱ p. 569）によって、地主はより多くの地代を得ることができる。

（2）耕作者、農業者、農業労働者：「生産的階級」

耕作者・農業者は、第1に農業用具、家畜、種子などへの投資、土地から収穫を得られるまでの間の家族・使用人・家畜を維持するための投資（「原投資」：訳書Ⅱp. 569）、第2に種子・農具の磨損、農業者の使用人と家畜を年々維持し、家族のうち耕作に雇われる使用人とみなされる者を維持するための投資（「年投資」：訳書Ⅱpp. 569-570）によって、生産に貢献している[注3]。
（3）職人、製造業者、商人：「不毛階級」「不生産的階級」

【外国民の貿易への抑圧は自国農業を阻害する】

　スミスは「農業国民が自国の職人、製造業者および商人を育成できるもっとも有利な方法は、他のすべての国の職人、製造業者および商人にたいして、もっとも完全な自由貿易を許すことである。これによって、農業国民は自国の土地の余剰生産物の価値を引き上げ、この余剰生産物が継続的に増加すれば、徐々に1つの元本ができ上る」（訳書Ⅱp. 582）と論じている。

　しかし、逆に、農業国が外国民の貿易を抑圧するならば、以下の2つの理由で自国農業を阻害するとスミスは指摘している。
（1）外国民の貿易への抑圧は、すべての外国物産、およびあらゆる種類の製造品の価格を高くし、農業国民は自らの土地の余剰生産物の真の価値を下げてしまう。
（2）外国民の貿易への抑圧は、自国の職人・製造業者・商人に対して、国内市場における一種の独占を与えることによって「商工業の利潤率＞農業の利潤率」にさせ、それは資本の一部を農業から引き揚げてしまう。

　かくて、外国民の貿易への抑圧は、第1に農業の生産物の真の価値を下落させ、それによって農業の利潤率を低下させる、第2に他のすべての職業における利潤率を上昇させることにより、農業は不利になり、商工業は有利になる。

【ケネーの『経済表』：土地の年生産物の分配】

　スミスによれば、ケネーの『経済表』は、「もっとも完全な自由の状態、したがって、最高の繁栄の状態」（訳書Ⅱp. 584）において、土地の年生産物

が、土地所有者（地主）、耕作者・農業者・農業労働者（「生産的階級」）、職人・製造業者・商人（「不生産的階級」）といった 3 つの階級の間にどのように分配されるのかを示している。ここで、「もっとも完全な自由の状態、したがって、最高の繁栄の状態」とは「年生産物が可能なかぎり最大の純生産物を生じるような状態であり、また、各階級が年生産物の全体について、それぞれ本来の分け前を享受する状態」（訳書 II p. 584）である。

　スミスは、ケネーの『経済表』は、最も完全な自由によって確立される自然的分配が制限・規則によって侵害されてゆくごとに、土地の年生産物の総額（したがって、社会の真の富）は年を追って必然的に減少することを示していると論じている。

【特恵・制限を行う制度 vs. 自然的自由の制度】

（1）特恵・制限を行う制度

　スミスは「特別の振興策を行なって、ある特定種類の産業に、自然に投下されるはずの量以上にその社会の資本を引き寄せようとしたり、あるいは反対に、特別の制限を設けて、ある特定種類の産業から、自然にしておけばこの部門で使われるはずの資本の一部を、むりやりに引き抜こうとするような、そういう政策はすべて、それが推進するつもりの当の大目的を、実際には逆に駄目にしてしまう。」（訳書 II p. 607）と述べている。

（2）自然的自由の制度

　スミスは、自然的自由の制度のもとでは、「各人は正義の法を侵さないかぎりは、完全に自由に自分がやりたいようにして自分の利益を追求し、自分の勤労と資本をもって、他のだれとでも、他のどの階級とでも、競争することができる。そうなれば、国の主権者は、私人の勤労を監督して社会の利益にもっとも適合する事業に向わせるという義務から、完全に免れることになる。」（訳書 II p. 608）と述べている。

【主権者が配慮すべき 3 つの義務】

　スミスは、主権者は「私人の勤労を監督して社会の利益にもっとも適合す

る事業に向わせるという義務」を遂行することは不可能であると論じ、自然
的自由の制度のもとで、主権者が配慮すべき義務は、以下の3つであると
主張している（訳書Ⅱ pp. 608-609）。

（1）「自分の国を他の独立社会の暴力と侵略にたいして防衛する義務」

（2）「社会の成員ひとりひとりを、他の成員の不正や抑圧から、できるかぎ
り保護する義務、つまり、厳正な司法行政を確立する義務」

（3）「ある種の公共土木事業を起し、公共施設をつくり、そしてこれらを維
持する義務」

ポイント

（1）重農主義は、「一国の土地および労働の年々の生産物」（GDP）への貢
献の観点から、国民を「土地所有者（地主）」「耕作者、農業者、農業労働
者：『生産的階級』」「職人、製造業者、商人：『不毛階級』『不生産的階級』」
の3つの階級に分類している。

（2）外国民の貿易への抑圧は、第1に農業の生産物の真の価値を下落させ、
それによって農業の利潤率を低下させる、第2に他のすべての職業にお
ける利潤率を上昇させることにより、農業は不利になり、商工業は有利に
なる。

（3）主権者は「私人の勤労を監督して社会の利益にもっとも適合する事業
に向わせるという義務」を遂行することは不可能である。自然的自由の制
度のもとで、主権者が配慮すべき義務は、「自分の国を他の独立社会の暴
力と侵略にたいして防衛する義務」「社会の成員ひとりひとりを、他の成
員の不正や抑圧から、できるかぎり保護する義務、つまり、厳正な司法行
政を確立する義務」「ある種の公共土木事業を起し、公共施設をつくり、
そしてこれらを維持する義務」の3つである。

4　国内消費用の外国品の輸入を減らす：第1の輸入制限策（第4篇第2章）

【輸入制限策による国内市場の独占化】

　重商主義国の最大の目標は、貿易収支黒字（輸出増・輸入減）によって金・

銀を獲得することであるが、スミスは、輸入減のための制限策について、「重税（高関税―引用者注）か絶対的禁止（輸入禁止―引用者注）のいずれかによって、国内でも生産できる財貨を外国から輸入することを制限すれば、これらの財貨の生産にたずさわっている国内産業には、多かれ少なかれ、国内市場の独占が確保される。」（訳書Ⅱ p. 149）と述べ、「輸入制限策→国内市場の独占化→一国の産業の年々の生産物（つまり、一国の真の富）」を検討し、輸入制限策による国内市場独占化は特定の産業を大いに奨励し、労働と資本を大量に当該産業に向けさせるが、社会の勤労活動全体を増大させるか否かは明らかではないと論じている[注4]。

【「見えざる手」：個人の利益 vs. 社会の利益】

　スミスは「各個人（個人企業―引用者注）は、自分の自由にできる資本があれば、その多少を問わず、それをもっとも有利に使おうといつも努力するものである。かれの眼中にあるのは、もちろん自分自身の利益であって、その社会の利益ではない。けれども、かれ自身の利益を追求してゆくと、かれは、おのずから、というよりもむしろ必然的に、その社会にとって、もっとも有利な資本の使い方を選ぶ結果になるものなのである。」（訳書Ⅱ p. 151）と述べ、各個人企業の関心事は「社会の利益」ではなく、もっぱら「自分自身の利益」のみであるが、各個人企業の自分自身の利益の追求は「おのずから、というよりもむしろ必然的に」社会の利益の追求につながると論じている。

　個人（個人企業：雇用者）の自分自身の利益の追求はもっぱら資本利潤の最大化であり、資本利潤は「勤労の生産物」（訳書Ⅱ p. 154：労働によって生産物へ新しく付加される価値）の大小と比例しているので、個人（個人企業：雇用者）の自分自身の利益の追求は「勤労の生産物」の最大化である。そして、スミスは「すべてどの社会も、年々の収入（一国の真の富―引用者注）は、その社会の勤労活動の年々の全生産物の交換価値と、つねに正確に等しい、（中略）各個人は、かれの資本を自国内の勤労活動の維持に用い、かつその勤労活動をば、生産物が最大の価値をもつような方向にもってゆこうとできるだけ努力するから、だれもが必然的に、社会の年々の収入をできるだけ大きくしよう

と骨を折ることになるわけなのである。もちろん、かれは、普通、社会公共の利益を増進しようなどと意図しているわけでもないし、また、自分が社会の利益をどれだけ増進しているのかも知っているわけではない。」（訳書 Ⅱ pp. 154-155）と述べ、「見えざる手」（訳書 Ⅱ p. 155）に導かれて、各個人（個人企業：雇用者）は自分では意図していなかった1つの目的「一国の真の富（GDP）の最大化」を達成するのである。

【個人の意図的な「社会の利益を増進」は怪しい】

スミスは「社会の利益を増進しようと思い込んでいる場合よりも、自分自身の利益を追求するほうが、はるかに有効に社会の利益を増進することがしばしばある。社会のためにやるのだと称して商売をしている徒輩が、社会の福祉を真に増進したというような話は、いまだかつて聞いたことがない。」（訳書 Ⅱ p. 155）と述べている。つまり、個人の意図的な「社会の利益を増進」は怪しい。

【資本の使い方は個人の自由主義に委ねるべき】

（1）資本の使い方：個人の自由主義 vs. 国の権威主義

スミスは「自分の資本をどういう種類の国内産業に用いればよいか、そして、生産物が最大の価値をもちそうなのはどういう国内産業であるかを、個々人だれしも、自分自身の立場におうじて、どんな政治家や立法者よりも、はるかに的確に判断できることは明らかである。」（訳書 Ⅱ p. 155）と述べている。つまり、最も有利な資本の使い方は国の権威主義よりも個人の自由主義に委ねたほうがよいのである。

（2）資本の使い方：個人の自由主義 vs. 国内市場の独占化

スミスは「どんな種類の技術ないし製造業についても、国産品に国内市場の独占を許すことは、どういうふうに資本を用いるべきかを、ある程度まで私人に指図することであって、ほとんどあらゆる場合に無用な、あるいは有害な規制である。」（訳書 Ⅱ p. 156）と述べ、最も有利な資本の使い方は個人の自由主義であると主張している。

【貿易の利益・利得：重商主義 vs. スミス】

　貿易の利益・利得は、重商主義においては金・銀の量の増加であるが、スミスにおいては「その国の土地および労働の年々の生産物の交換価値の増大、あるいは、その住民の年々の所得の増大」（訳書Ⅱ p. 223）である。つまり、スミスは「もしある外国が、ある商品をわれわれ自身が作るよりも安く供給できるならば、われわれは、かれらに比べて多少とも勝っている（比較優位にある―引用者注）ような勤労の生産物の一部をもって、その商品を当の国から買うほうがよい。」（訳書Ⅱ p. 157）と述べている。

【輸入制限策による国内市場の独占化：牧畜業者・農業経営者 vs. 商人・製造業者】

　輸入制限策による国内市場独占化は誰の利益になるのかについて、スミスは、国内市場の独占化は商人・製造業者の利益にはなるが、牧畜業者・農業経営者の利益にはほとんどならないと指摘している。その理由について、スミスは「工業製品の場合は、ほんのわずかでも有利な条件をもっていれば、外国人が、わが国内市場においてさえ、われわれの職人よりも安く売ることができる。だが、土地の原生産物の場合は、外国人がそうしようとするには、よほど有利な条件がなければ駄目である。」（訳書Ⅱ p. 160）と述べている。

　スミスは、「独占」は「卑劣な精神」（訳書 p. 164）であるととらえ、「牧畜業者・農業経営者 vs. 商人・製造業者」について、第1に牧畜業者・農業経営者は隣人同士で協力し合うことを好み、商人・製造業者は秘密保持のため隣人を有することを嫌う、第2に牧畜業者・農業経営者は国内の異なった諸地方に分散しているので団結しにくく、商人・製造業者は都市に集まっているので団結しやすい、と論じている。牧畜業者・農業経営者は独占の性格が最も少なく、逆に商人・製造業者は国内市場の独占を確保してくれる、外国品の輸入に対する諸規制の発案者である。

【国内産業奨励のために輸入制限が認められる2つのケース】

　国内産業の奨励のために輸入制限が認められる2つのケースは次のもの

である。

(1) 国土防衛

スミスは「航海条例」は外国貿易にとっても、また、それから生じうる富裕の増進にとっても、好ましいものではないと判断しながらも、「国防は富裕よりもはるかに重要なことであるから、航海条例は、イングランドの全商業法規のなかで、おそらくもっとも賢明なものだと言えるだろう。」（訳書 II p. 169）と述べ、国土防衛のために、ある特定の産業の保護（自国の海員・船舶に貿易を独占させる「航海条例」など）が必要であると論じている。

(2) 国産品 vs. 類似輸入品

国産品に課税されているときは、類似輸入品に対して等額の税を課すことは合理的である。

【安く購入し、高く売る：自由貿易 vs. 保護貿易】

一商人の取引も、一国民の貿易も、できる限り安く購入し、できる限り高く売ることが最重要であるが、スミスは、自由貿易は「一国民が外国民すべてを励まし、自国が買う必要のある財貨をもってくるようにさせれば、そうした財貨をたぶん安く買えるだろうし、また同じ理由から、こうして、その国の市場に最大多数の買手がやってくれば、たぶん高く売れるようになるだろう。」（訳書 II p. 169）、逆に保護貿易は「外国人は、もし禁止あるいは高率の税によって売りに来ることを妨げられてしまうと、買うほうについても、常時買いに来るというわけにはいかなくなる。」（訳書 II p. 169）と述べている。

ポイント

(1) 輸入制限策による国内市場独占化は特定の産業を大いに奨励し、労働と資本を大量に当該産業に向けさせるが、社会の勤労活動全体を増大させるか否かは明らかでない。

(2) 各個人企業の関心事は「社会の利益」ではなく、もっぱら「自分自身の利益」のみであるが、各個人企業の自分自身の利益の追求は「おのずから、というよりもむしろ必然的に」社会の利益の追求につながる。「見え

ざる手」に導かれて、各個人（個人企業：雇用者）は自分では意図していなかった1つの目的「一国の真の富（GDP）の最大化」を達成する。

（3）最も有利な資本の使い方は国の権威主義よりも個人の自由主義に委ねたほうがよい。

（4）「独占」は「卑劣な精神」である。牧畜業者・農業経営者は独占の性格が最も少なく、逆に商人・製造業者は国内市場の独占を確保してくれる、外国品の輸入に対する諸規制の発案者である。

（5）国防は富裕よりもはるかに重要なことであるから、国土防衛のために、ある特定の産業の保護が必要である。

5　あらゆる種類の財貨の輸入に対する制限：第2の輸入制限策
（第4篇第3章）

【貿易収支赤字国に対する輸入制限】

　重商主義国の最大の目標は、輸出増・輸入減によって金・銀を獲得することであるが、スミスは、2つの輸入制限策のうちの第1は「どの国からの輸入であるのかは問わず、自国で生産できるような国内消費用の外国品の輸入に対する制限」であり、それは「私利と独占精神」に由来するものである、第2は「貿易収支赤字の大きい特定の諸国からの、あらゆる種類の財貨の輸入に対する制限」であり、それは「国民的偏見と憎悪」に由来するものであると論じている。スミスは、第2の「貿易収支赤字国に対する全面的輸入制限」は第1の特定商品に対する輸入制限よりも不合理であり、重商主義の原理から見てさえ不合理であると論じている。

【二国間だけの貿易収支】

　重商主義はある1つの国に対する貿易収支赤字を問題視しているが、スミスは、二国間の貿易収支について、以下の3点を指摘している。

（1）二国間で自由貿易が行われる場合、貿易収支はある1つの国（A国）に有利になることが確実であるとしても、それは必ずしももう1つの国（B国）に不利になるとは限らない。というのは、A国の商品がC、D国の商品よ

りも良質安価であるならば、Ｂ国にとってはＣ、Ｄ国から輸入するよりも、Ａ国から輸入するほうが有利であるからである。

（2）Ｂ国は、Ａ国からの輸入品をＣ、Ｄ国などに再輸出すれば、Ａ国からの輸入品購入金額以上の金・銀を得ることができる。

（3）Ａ、Ｂの二国のいずれが貿易収支黒字国になるのかを決定できる確実な基準はない。

【貿易の利益・利得：保護貿易 vs. 自由貿易】

スミスは、自国を有利にしようとする保護貿易（「奨励金や独占によってむりやりに行なわれる貿易」：訳書 Ⅱ p. 222）は自国にとって不利益になる、自由貿易（「強制も束縛もなく、自然に、かつ規則的に、二つの場所のあいだに営まれる貿易」：訳書 Ⅱ p. 222）は両国（両地）にとって、必ずしもいつも均等に有利であるとは限らないが、つねに有益である、と論じている。

【二国間貿易の３つのパターン】

スミスは、二国間貿易の３つのパターンを取り上げている（訳書 Ⅱ pp. 223-226）。

（1）二国（Ａ、Ｂ国）は互いに自国生産品のみを交換し合い、二国間貿易収支は均衡しているケース

Ａ、Ｂの二国はともにほとんど同じ利得を得る。というのは、両国はそれぞれ相手国の余剰生産物の市場を提供し合うからである。

（2）Ａ国は国産品のみを、Ｂ国は外国品のみをそれぞれ輸出し合い、二国間貿易収支は均衡しているケース

Ａ、Ｂの二国はともに利得を得るが、国産品を輸出するＡ国の利得が外国品を輸出するＢ国の利得よりも大きい。

（3）Ａ国は国産品の輸出国であり、Ｂ国は金・銀で支払う輸入国であるケース

スミスは上記（1）の「二国ともに国産品のみを交換する」、（2）の「一方は国産品のみ、他方は外国品のみを交換する」貿易は存在しないだろうと

指摘し、ほとんどすべての国は、一部分は国産品、一部分は外国品をもって、互いに他国と交換し合っていると論じている。そして、スミスは、（3）の「A 国は国産品の輸出国であり、B 国は金・銀で支払う輸入国であるケース」、つまり商品が商品をもって支払われずに、金・銀で支払われるケースを取り上げ、B 国の金・銀での支払いは、国産品をこの金・銀と等しい価値だけ輸出した場合と同じであるので、A、B の二国はともに利得を得るが、A 国の利得が B 国の利得よりも大きいと論じている。

【自国の利益 vs. 隣国の利益：重商主義 vs. スミス】

「自国の利益 vs. 隣国の利益」についての、重商主義の主張は以下のものである（訳書 II pp. 231-235）。

(1) 自国の利益はすべての隣国を貧しくすることによって増大する。

(2) 貿易収支赤字は国を貧困化し、破滅させる。

(3) 貿易収支の黒字化のために保護貿易が必要である。

これに対して、スミスの主張は以下のものである。

①貿易収支の黒字を良い、貿易収支の赤字を悪いとするのは独占精神に由来している。

②隣国が富んでいることは安全保障（「戦争や攻略」）の上からは恐るべきものであるが、スミスは「平和時に通商を行なうときにあっては、その富は、隣国がわれわれとより大きな価値を交換することを可能ならしめ、かれらがわが国の産業の直接の生産物を買うなり、あるいは、われわれがわが国の生産物と交換に輸入した他国の財貨を、かれらがさらに買い取るなりして、わが国により良い市場を提供させるにちがいない。」（訳書 II p. 233）と述べている。

③スミスは「富んでいる国の製造業者は、隣国の製造業者にとって、はなはだ危険な競争者であることは疑いない。しかしながら、まさにこの競争が、その国民大衆にとっては利益となるのであって、このような富んでいる国民が、さまざまな方面に所得を支出して良い市場を提供するのだから、それによっても、国民大衆は非常な利益を受けるわけである。」（訳書 II pp. 233-

234) と述べ、自由貿易は国を豊かにすると論じている。

【「生産＞消費」は国民の繁栄、「生産＜消費」は国民の衰退】

スミスは、「生産＞消費」は国民の繁栄を、「生産＜消費」は国民の衰退を
それぞれ引き起こすと主張し、『国富論』はまさにサプライサイドの経済学
である。

(1)「生産＞消費」は国民の繁栄をもたらす

「年々の生産物の交換価値が、年々の消費物の交換価値を超過するならば、
その社会の資本は、かならずやこの超過分に比例して、年々増加するにちが
いない。この場合、その社会は所得の範囲内で生活しており、その所得から
年々貯蓄される分は自然にその社会の資本につけ加えられ、その結果、年々
の生産物をさらに増加するように用いられるのである。」（訳書 Ⅱ p. 238）つ
まり、「生産＞消費」は貯蓄、したがって資本の増加、労働雇用の増加、生
産物増加をもたらす。

(2)「生産＜消費」は国民の衰退をもたらす

「年々の生産物の交換価値が、年々の消費に及ばないならば、社会の資本
は、この不足の度合に比例して、かならずや減少するにちがいない。この場
合は、その社会の支出は所得を超過し、したがって必然的にその資本に食い
込むことになる。それゆえ、社会の資本は必然的に減少せざるをえず、そし
て、これとともに、社会の勤労活動の年々の生産物の交換価値もまた、必然
的に減少することになるのである。」（訳書 Ⅱ p. 238）つまり、「生産＜消費」
はマイナスの貯蓄、したがって資本の減少、労働雇用の減少、生産物減少を
もたらす[注5]。

> ┌─ **ポイント** ─
>
> （1）重商主義国の最大の目標は、輸出増・輸入減によって金・銀を獲得す
> ることであるが、2つの輸入制限策のうちの第1は「どの国からの輸入
> であるのかは問わず、自国で生産できるような国内消費用の外国品の輸入
> に対する制限」であり、それは「私利と独占精神」に由来するものである。

第 2 は「貿易収支赤字の大きい特定の諸国からの、あらゆる種類の財貨の輸入に対する制限」であり、それは「国民的偏見と憎悪」に由来するものである。第 2 の「貿易収支赤字国に対する全面的輸入制限」は第 1 の特定商品に対する輸入制限よりも不合理であり、重商主義の原理から見てさえ不合理である。

（2）自国を有利にしようとする保護貿易（「奨励金や独占によってむりやりに行なわれる貿易」）は自国にとって不利益になる。自由貿易（「強制も束縛もなく、自然に、かつ規則的に、二つの場所のあいだに営まれる貿易」）は両国（両地）にとって、必ずしもいつも均等に有利であるとは限らないが、つねに有益である。

（3）貿易収支の黒字を良い、貿易収支の赤字を悪いとするのは独占精神に由来している。

（4）隣国が富んでいることは安全保障（「戦争や攻略」）の上からは恐るべきものであるが、わが国により良い市場を提供させるにちがいない。

（5）競争が国民大衆にとっては利益となるのであって、自由貿易は国を豊かにする。

6　戻税：第 1 の輸出奨励策（第 4 篇第 4 章）

【戻税は輸出奨励策？：重商主義 vs. スミス】

「戻税」とは、輸出に際して、1 つは国内製造品に税がかけられている場合の、もう 1 つは課税されている外国の財貨が輸入・再輸出される場合の、税額の全部・一部の商工業者への払い戻しのことである。

重商主義は「戻税」を輸出奨励策（とりわけ中継貿易奨励策）ととらえているが、スミスは「戻税」は輸出振興策にはなりえないが、税を戻す、つまり課税をしないことは、第 1 に一国の資本の一部が、課税によって他の事業に転向してしまうのを防ぐ、第 2 に社会の各種の職業すべての間に出来上がっている均衡が課税によって崩されるのを防ぐ、第 3 に社会における労働の自然な分業および配分が課税によって崩されるのを防ぐ、などのプラス効果があると論じている。

（1）「戻税」とは、輸出に際して、1つは国内製造品に税がかけられている場合の、もう1つは課税されている外国の財貨が輸入・再輸出される場合の、税額の全部・一部の商工業者への払い戻しのことである。

（2）重商主義は「戻税」を輸出奨励策（とりわけ中継貿易奨励策）ととらえているが、スミスは「戻税」は輸出振興策にはなりえないが、税を戻す、つまり課税をしないことは、第1に一国の資本の一部が、課税によって他の事業に転向してしまうのを防ぐ、第2に社会の各種の職業すべての間に出来上がっている均衡が課税によって崩されるのを防ぐ、第3に社会における労働の自然な分業および配分が課税によって崩されるのを防ぐ、などのプラス効果があると論じている。

7 輸出奨励金：第2の輸出奨励策（第4篇第5章）

【輸出奨励金は輸出奨励策：重商主義】

重商主義は、輸出奨励金によって、自国の商工業者が、外国市場において、競争相手と同じ価格で、あるいはもっと安く、自国商品を売ることができる、そしてその結果、自国はより多くの商品を輸出でき、金・銀を得ることができると主張している。

【輸出奨励金は損失の穴埋め：スミス】

スミスは「商人にたいして、奨励金なしだとかれの商品の価格上こうむる損失を、もしも奨励金が償うのでなければ、商人は自分の利害を考えて、やがて、かれの資本を別の方法で用いるように、つまり商品の価格が、普通の利潤をともなって、この商品を市場に出すのに用いられた資本が回収できるような取引をさがしだすように、せざるをえないだろう。したがって、奨励金の効果は、（中略）一国の貿易を、それが自然に向っていく方面に比べてはるかに利益の少ない方面に、強いて向わせることにしかならないのである。」（訳書Ⅱp. 254）と述べている。

つまり、スミスは、「輸出奨励金を必要とする貿易部門 vs. 輸出奨励金を

必要としない貿易部門」について、第1に輸出奨励金を必要としない貿易部門は資本に対する普通の利潤を含めて回収しうる価格で自国商品を販売・輸出できるが、輸出奨励金を必要とする貿易部門は資本に対する普通の利潤を含めて回収することができない価格で自国商品を販売・輸出し、奨励金を損失の穴埋めに用いている、第2に輸出奨励金を必要とする貿易部門は競争力のない部門、輸出奨励金を必要としない貿易部門は競争力のある部門であると理解し、1つは競争力のない部門へ奨励金を投入すべきではない、もう1つは資本は競争力のない輸出奨励金を必要とする貿易部門から、競争力のある輸出奨励金を必要としない貿易部門へシフトすべきであると主張している。

【輸出奨励金に対するスミスの6つの批判】

スミスは輸出奨励金に対して、以下の6つの批判を行っている（訳書 Ⅱ pp. 271-272）。

（1）輸出奨励金は、国の産業の一部を、自由放任しておく場合よりも利益の少ない方面に、強いて向かわせるものである。

（2）輸出奨励金は、国の産業の一部を、実際に損失の出ている方面に、強いて向かわせるものである。

（3）穀物の輸出奨励金は、穀物生産を助長できない。

（4）穀物の輸出奨励金は、国の財政に大きな費用を負担させ、国民全体に重い税をかけるものである。

（5）穀物の輸出奨励金は、穀物の真の価値を増大させず、銀の真の価値を低下させ、国内産業全般を阻害するものである。

（6）穀物の輸出奨励金は、土地の改良を遅延させる。

【穀物輸出奨励金の穀物価格への影響：重商主義 vs. スミス】

重商主義によれば、穀物輸出奨励金は穀物生産量を増大させるので穀物価格を低下させる。スミスによれば、第1に穀物価格低下の原因は穀物輸出奨励金ではなく、銀の真の価値の上昇である、第2に穀物輸出奨励金は穀

物価格を上昇させる。というのは、穀物輸出奨励金は異常な輸出を引き起こし、国内市場の需給を引き締めるので、国内市場の穀物価格を、本来ならば自然に低落するはずの水準よりも必ず高く吊り上げるからである。

【穀物輸出奨励金の穀物生産量への影響：重商主義 vs. スミス】

　重商主義によれば、穀物輸出奨励金は、第1に外国市場を拡大することによって、穀物需要を増大させる、第2により高い穀物価格を農業者に保障する、といった2つの理由で穀物生産量を増大させる。

　これに対して、スミスは以下のように批判している。

（1）穀物輸出奨励金によって外国市場が拡大されたとしても、すべて国内市場の犠牲において拡大されるものであり、つまり奨励金があるから輸出され、奨励金がなければ輸出されない穀物はすべて、本来ならば国内市場で供給され、穀物価格を低落させるはずである。

（2）穀物輸出奨励金は国民に2種類の税を課す。すなわち、第1は奨励金を与えるために国民が負担しなければならない税である、第2は「国内市場におけるこの商品の価格騰貴に由来するものであり、国民全部が穀物の購買者であるために、全国民によってこの特殊な商品にたいして支払われる税」（訳書 p. 257）つまり、穀物価格上昇による負担増である。

　かくて、スミスは「奨励金によってひき起される異常な穀物輸出は、輸出が行なわれるその年ごとに、一方で外国市場と外国の消費を拡大するが、他方でちょうどそれと同じだけ国内市場を縮小し、国内消費を減少させるというだけでなく、その国の人口と産業を抑制する結果、とどのつまりは、国内市場の漸次的な拡張を妨害抑制することになり、そして、これによって、長期的には、穀物市場全体を拡大し消費量を増大させるどころか、むしろ、それを縮小させてしまう傾向がある。」（訳書 Ⅱ p. 259）と述べている。

【穀物輸出奨励金に対する評価：スミス】

　穀物輸出奨励金に対するスミスの評価は以下の6点である。

（1）穀物輸出奨励金は穀物の貨幣価格（名目上の価格）を引き上げるが、穀物

の「真の価格」（労働の支配量）を引き上げることはない。その結果、穀物輸出奨励金は消費者にとっては重い負担になるにもかかわらず、穀物生産者（農業者）にとっては利益にならない。

(2) 穀物の貨幣価格は他のあらゆる国産品（土地から生ずる他のいっさいの原生産物、製造品の原料、完成品など）の貨幣価格を定めているので、穀物価格の上昇はすべての財貨の価格上昇をもたらし、かくて穀物輸出奨励金は銀の真の価値を低下させる。

(3) 穀物の貨幣価格は労働の貨幣価格を定めている。穀物輸出奨励金はすべての財貨、労働の貨幣価格を上昇させるので、地主・農業者にとっては、外国品を購入する場合には利益をもたらすが、国産品を購入する場合にはなんらの利益をもたらさない[注6]。

(4) 穀物輸出奨励金は、銀の価値を、国内市場において低下させ、国外市場において上昇させる。

(5) 穀物輸出奨励金は、穀物商人、つまり穀物の輸出・輸入業者のみに利益をもたらすにすぎない。

【穀物取引の性質】

スミス『国富論』第4編第5章には「穀物貿易および穀物法にかんする余論」という項目があり、穀物取引の性質と穀物商の営業を論じている。スミスは、穀物取引について、以下の4点を指摘している。

(1) 穀物取引に関しては、独占を確立することは不可能である。

(2) スミスは「飢饉は、不適当な方法で穀物不足の不便を救おうとした政府の無理から生じ、その他の原因で飢饉が生じたことはない」（訳書 Ⅱ p. 292）と述べている。つまり、穀物取引の無制限で無拘束な自由は、飢饉の不幸に対する唯一の有効な予防策であり、同時に不足の不便さに対する最上の緩和策である。

(3) 穀物取引ほど世論の非難に晒される商業は他にない。したがって、スミスは「穀物取引以上に法律の十分な保護に値する商業はなく、また、これほどに法律の保護を必要とするものもない。」（訳書 Ⅱ p. 294）と述べている。

（4）スミスは「穀物取引がたいへん儲かるのは凶作の年だけだが、その凶作の年には穀物取引に社会の憎悪がつきまとうので、徳望家や資産家はこの穀物取引に従事することを嫌う。穀物取引は身分の劣る商人たちにゆだねられ」（訳書Ⅱpp. 294-295）と述べている。つまり、穀物取引は豊作、凶作の全期間にわたると、価格の頻繁かつ予見できない変動（大きな利益と大きな損失）のために巨富を築くことは稀である。

【穀物商の営業は4つの部門からなる】

　スミスによれば、穀物商の営業は「国内取引商」「国内消費向け輸入商」「外国消費向けの国内生産物輸出商」「中継商（再輸出を目的に穀物を輸入する者）」といった4つの部門から成り、スミスは「穀物取引は、少なくとも国内市場にたいする供給にかんしては、完全に自由に任されるべきなのである。」（訳書Ⅱp. 306）と述べている。

（1）国内取引商

　スミスによれば、第1に国民大衆の利害は日々・毎週・月々の消費量が供給量にできるだけ正確に釣り合っていることであり、国内取引商の利害は需要に見合う供給を行って、供給全量を最高価格で売り、最大の利潤を得ることであり、国内取引商の利害と国民大衆の利害は一致している。スミスは「国民の利益を考えなくとも、自分自身の利益を考えていれば、穀物国内取引商は、（中略）必然的に、不作の年にも国民に穀物を提供することになる。」（訳書Ⅱp. 289）と述べている。第2に国内取引商は保護奨励されれば、農業者の仕事に次いで、穀物の産出に寄与する職業である。国内取引商は、卸売商の職業が製造業者の職業を助けるのと同じようにして、農業者の職業を助ける。

（2）国内消費向け輸入商

　国内消費向けの外国産穀物輸入商の営業は、第1に国内市場に対する直接の供給に寄与しており、その限りで国民に直接に利益をもたらす、第2に穀物の平均貨幣価格を引き下げる傾向があるが、穀物の真の価値（穀物が養うことのできる労働量）を減らす傾向はない、第3に穀物の貨幣価格引き下

げは銀の真の価値を上昇させ、それは他のあらゆる商品の貨幣価格を低下させるので、国内製造業を全外国市場で有利にし、発展させる。

　つまり、穀物にとって、国内市場は、最も近く、最も便利な市場であり、また最大にして最重要な市場である。国内消費向けの外国産穀物輸入商の営業は、国内穀物市場を拡大する傾向があり、これによって、穀物生産を阻害するどころか、むしろ、奨励する傾向がある。国内消費向けの外国産穀物輸入商の営業は、「国内に供給される穀物量の増大→穀物価格の低下→他のあらゆる商品の価格の低下→国内の商品需要の増大→穀物生産の増大」である。

(3) 外国消費向けの国内生産物輸出商

　外国消費向けの国内穀物輸出商の営業は、第1に国内市場に対して穀物を供給することに直接寄与するものではないが、間接的には、貢献する。第2に国内穀物輸出商の利害と国民大衆の利害は相反することがありうる。これに関して、スミスは「もしも、かれ自身の国が欠乏に悩んでいる時に隣国が飢饉で苦しんでいるとすれば、かれは、自分の利益のために、自国の欠乏の災厄をさらに激化させることをも顧みず、多量の穀物を隣国に持ち運ぶかもしれない。」（訳書 II p. 313）と述べている。第3にスミスは「諸国民すべてが、輸出に制限なく輸入にも制限のない自由な制度をとるようになれば、一大大陸を分割している諸国は、一大帝国の諸州のごとくなるであろう。大帝国の諸州のあいだでは、国内商業の自由は、理性と経験のいずれからみても、確かに欠乏の最上の緩和策であるのみか、飢饉のもっとも有効な予防策であるが、それと同様に、輸出入貿易の自由は、一大大陸を分割所有している諸国のあいだで欠乏の緩和策となり、飢饉の予防策となるであろう。」（訳書 II pp. 313-314）と述べている[注7]。

(4) 中継商（再輸出を目的に穀物を輸入する者）

　中継貿易商、つまり再輸出するために外国産穀物を輸入する者の営業は、第1に国内市場の供給増に貢献している。というのは、輸入した外国産穀物を国内市場で売ることは本来目的ではないが、中継貿易商にとっては、再輸出するよりは国内で販売するほうが諸経費（運賃・保険費用など）を省けるからである。第2に穀物の平均貨幣価格を引き下げる傾向があるが、穀物

の真の価値（穀物が養うことのできる労働量）を低下させる傾向はない。第3に穀物の貨幣価格引き下げは銀の真の価値を上昇させ、それは他のあらゆる商品の貨幣価格を低下させるので、国内製造業を全外国市場で有利にし、発展させる。

ポイント

（1）重商主義は、輸出奨励金によって、自国の商工業者が、外国市場において、競争相手と同じ価格で、あるいはもっと安く、自国商品を売ることができる、そしてその結果、自国はより多くの商品を輸出でき、金・銀を得ることができると主張している。スミスは、輸出奨励金を必要とする貿易部門は、第1に資本に対する普通の利潤を含めて回収することができない価格で自国商品を販売・輸出し、奨励金を損失の穴埋めに用いている、第2に輸出奨励金を必要とする貿易部門は競争力のない部門、輸出奨励金を必要としない貿易部門は競争力のある部門であると理解し、1つは競争力のない部門へ奨励金を投入すべきではない、もう1つは資本は競争力のない輸出奨励金を必要とする貿易部門から、競争力のある輸出奨励金を必要としない貿易部門へシフトすべきであると主張している。

（2）重商主義によれば、穀物輸出奨励金は、第1に外国市場を拡大することによって、穀物需要を増大させる、第2により高い穀物価格を農業者に保障する、といった2つの理由で穀物生産量を増大させる。これに対して、スミスは奨励金によって引き起こされる異常な穀物輸出は、国内市場の漸次的な拡張を妨害抑制することになり、長期的には、穀物市場全体を縮小させてしまう傾向があると論じている。

（3）穀物輸出奨励金は穀物の貨幣価格（名目上の価格）を引き上げるが、穀物の「真の価格」（労働の支配量）を引き上げることはない。その結果、穀物輸出奨励金は消費者にとっては重い負担になるが、穀物生産者（農業者）にとっては利益にはならない。穀物輸出奨励金は、穀物商人、つまり穀物の輸出・輸入業者のみに利益をもたらすにすぎない。

（4）飢饉は、不適当な方法で穀物不足の不便を救おうとした政府の無理から生じ、その他の原因で生じたことはない。穀物取引の無制限で無拘束な自由は、飢饉の不幸に対する唯一の有効な予防策であり、同時に不足の不便さに対する最上の緩和策である。

（5）国民大衆の利害は日々・毎週・月々の消費量が供給量にできるだけ正

確に釣り合っていることであり、国内取引商の利害は需要に見合う供給を
行って、供給全量を最高価格で売って、最大の利潤を得ることであり、国
内取引商の利害と国民大衆の利害は一致している。
（6）輸出禁止は、その国の改良と耕作を制限して、その国の住民に対して
必要な供給量だけにとどめてしまう。輸出を自由にしておくことは、その
国が耕作を拡大して、諸外国の国民にも供給することを可能にする。ただ
し、国家危急の場合には、「正義の常法」（自由化）を犠牲にして、穀物輸
出制限が正当化される。

8　諸外国と比較して有利な通商条約：第3の輸出奨励策（第4篇第6章）

【自国と「特定国 vs. 他の諸外国」：通商条約】

　通商条約は、自国が、第1に特定国に対して特定財貨の輸入を許可する
義務を負い、他の諸外国に対して特定財貨の輸入を禁止するものであり、第
2に特定国に対して特定財貨への課税を免除する義務を負い、他の諸外国に
対して特定財貨への課税を行うものである。

【自国（授恵国）vs. 特定国（受恵国）：通商条約】

（1）特定国（受恵国）

　スミスによれば、通商条約によって特別有利に扱われる特定国（受恵国）
の商人・製造業者は、自国（授恵国）において一種の独占を享受できるので、
必ず大きな利益を得るとされる。つまり、特定国（受恵国）にとって、第1
に自国（授恵国）は特定国（受恵国）から財貨を多量に輸入することになるの
で、第2に自国（授恵国）は特定国（受恵国）から財貨をより高い価格で買わ
ざるを得なくなるので、自国（授恵国）は一層広大で、一層有利な市場になる。

（2）自国（授恵国）

　通商条約を結べば、自国（授恵国）にとって、第1に自由競争が許されて
いる場合に比べて、特定国（受恵国）から財貨をより高い価格で買わざるを

得なくなる。第2に国民の年生産物の交換価値は減らされる。ただし、これについて、スミスは「この減少が積極的な損失になるということは、ほとんどありえず、ただ、かかる条約がなければこの国民が取得できたはずの利益を減らしてしまう、という程度の減少にすぎない。」（訳書Ⅱp. 327）と述べている。第3に国民は、条約がない場合よりも、財貨を安く輸出するとは言え、輸出奨励金の場合とは異なり、その財貨の生産費以下で輸出することはない。

　かくて、スミスは、通商条約下の自国（授恵国）の商人・製造業者は不利であるが、「条約による特別扱いを講じている国（授恵国―引用者注）も、やはり、貿易によって利益を得ることができるのである。ただし、その利益は、自由競争の場合に比べれば少ないであろう。」（訳書Ⅱp. 328）と述べている。

ポイント

（1）通商条約によって特別有利に扱われる特定国（受恵国）の商人・製造業者は、自国（授恵国）において一種の独占を享受できるので、必ず大きな利益を得る。

（2）通商条約下の自国（授恵国）の商人・製造業者は不利である。

9　遠隔の土地における植民地建設：第4の輸出奨励策（第4篇第7章）

【アメリカの発見と喜望峰経由の東インド航路は人類史上重要な2つの出来事】

　スミスは「アメリカの発見と喜望峰を迂回して東インドにいたる航路の発見とは、人類史上に記録された、もっとも偉大でもっとも重要な2つの出来事である。（中略）これらの諸発見が行なわれた特定の時期には、たまたまヨーロッパの人間の実力がいちじるしく優越していたので、かれらは遠隔の地域で、なんら罰せられることもなく、さまざまな種類の不正不義を働くことができたのである。（中略）たがいに（母国人と植民地人のあいだに―引用者注）

恐怖心をもつようになろうから、おのずから独立国の不正不義が抑制され、たがいに他の国民の権利をある程度尊重し合うようになるだろう。だが、この対等な力のバランスを確立するについては、すべての国々相互のあいだに貿易が自然的に、いなむしろ必然的にもたらす知識と各種の改良の交流以上に有効なものはなかろう。」（訳書Ⅱ pp. 482-484）と述べている。

【『国富論』第4篇第7章の内容】

　『国富論』第4篇第7章「植民地について」第2節はアメリカの各植民地がヨーロッパ諸国の政策から受けた利益、第3節は逆にヨーロッパ諸国がアメリカの各植民地から受けた利益をそれぞれ論じている。

　スミスは、ヨーロッパ諸国がアメリカの各植民地から受けた利益を「ヨーロッパ全体の利益」と「ヨーロッパ諸国の個別的利益」の2種類に整理し、ヨーロッパ全体の利益として、「アメリカからの輸入品はヨーロッパ諸国民の生活の豊かさの増大に寄与した」「アメリカという広大な市場への自国の余剰生産物の輸出は、アメリカと直接に貿易する国々、アメリカと間接に貿易する国々の産業の発展に寄与した」の2つを挙げている。ヨーロッパ諸国の個別的利益として、「植民地が母国の防衛のために提供する兵力」「植民地が母国の民生維持のために提供する分担金」「母国の排他的独占貿易による特殊な利益」を挙げている。

【植民地の建設の比較：ヨーロッパ諸国、古代ギリシャ、古代ローマ】

　スミスは、植民地の建設について、ヨーロッパ諸国、古代ギリシャ、古代ローマを比較して、以下のことを指摘している。

（1）古代ギリシャの植民地

　古代ギリシャの各都市国家は、領土が小さく、四辺を好戦的な隣国人に囲まれ、本国の領土を拡げることが困難であったので、住民が増えて扶養しえなくなると、住民の一部は新しい居住地を求めて海外（植民地）に送り出された。

（2）古代ローマの植民地

古代ローマは、農地法に基づいて建設されたものであり、公共の土地を各市民の間に一定の比率に基づいて分配した。しかし、時間の経過とともに、結婚・相続・譲渡によって、土地の分配は攪乱され、複数の分配地がしばしば1人の人間にかき集められてしまうことになった。土地を持たない自由市民は困窮し、土地をよこせと騒ぎ立てたので、支配層は人民たちをある程度満足させるために、征服地（ローマ共和国の領土）に送り出した。

（3）ヨーロッパ諸国の植民地

　古代ギリシャ、古代ローマの植民地建設の動機は「必要」という点で同じであるが、ヨーロッパ諸国のアメリカ・西インド諸島における植民地建設の動機は何ら「必要」に根差したものではなく、金・銀鉱山の発見であった。

【植民地の運営の比較：ヨーロッパ諸国、古代ギリシャ、古代ローマ】

　スミスは、植民地の運営について、ヨーロッパ諸国、古代ギリシャ、古代ローマを比較して、以下のことを指摘している。

（1）古代ギリシャの植民地

　古代ギリシャの都市国家は、植民地を自らの子孫（「自由な解放された子孫」：訳書Ⅱp. 351）とみなしたので、植民地は恩恵・援助を母国から受けることができ、母国は感謝・尊敬を植民地から受けることができた。母国は直接の支配権を行使しなかったので、植民地は一独立国家として母国の認可・承認なしに自ら政治形態を決め、自ら法律を制定し、自らの施政者を選んだ。

（2）古代ローマの植民地

　古代ローマの植民地は、ローマ共和国の領土内であったので、植民地は独立の国家を形成することができず、一種の自治体でしかなかった。植民地は母国の監督、司法権、立法権のもとに服していた。

（3）ヨーロッパ諸国の植民地

　ヨーロッパ諸国の植民地（北アメリカ）は、第1に豊饒な土地が多いという点で古代ギリシャの植民地に似ている、第2に母国への従属という点で古代ローマの植民地に似ている、第3に母国から非常に遠く離れていたので、従属の効果は減殺された。

【新植民地（北アメリカ）：イングランド vs. フランス】

　スミスによれば、ヨーロッパ諸国の植民地（北アメリカ）で富、人口および土地の改良の振興がきわめて顕著であったのは、「豊饒な土地」「自由」の2つの条件が整っていたからである（訳書 II pp. 382-383）。

（1）豊饒な土地

　新植民地（北アメリカ）は豊饒な無人の未耕地であり、広大な土地と僅少な人間とのあいだの不均衡があるために、他人の労働を使うのは容易なことではなかった。地主は高い賃金を払って労働者を雇い入れようとし、高賃金は人口増加を刺激した。良質な土地が安価で手に入り、しかも豊富であるので、土地の改良は奨励され、地主は高賃金を支払うことができた。

（2）自由

　イングランドの植民地はプリマス会社が解散して以降、フランスの植民地はミシシッピ会社が解散して以降、イングランドとフランスは、植民地との貿易はすべての臣民に自由に開放し、母国のどの港を通じて行っても差し支えなく、また普通の税関手続き以外に特別の認可はいっさい不要であるといった寛大自由な政策をとったので、両国の植民地は繁栄した。

【「列挙商品」vs.「非列挙商品」：植民地の輸出の「母国向け vs. それ以外向け」】

　大ブリテン帝国の航海条例などに列挙されている商品は「列挙商品」、列挙されていない商品は「非列挙商品」とそれぞれ呼ばれ、大ブリテン帝国の植民地（北アメリカ、西インド）の生産物の中で、母国市場にのみ輸出可能なものが「列挙商品」、それ以外の市場にも輸出可能なものが「非列挙商品」である。

　スミスは、「列挙商品」を「アメリカの特産品、あるいは母国では生産されていないもの」「アメリカの非特産品であり、母国でも生産されているが、母国の需要を満たすには足りないので輸入されているもの」の2種類に分けている。「列挙商品」は母国向け輸出に限定されているので、その代償として母国（大ブリテン）は以下の2つのアメ（母国市場における特権）を植民地

に与えている。

(1) 植民地から輸入される商品と同種類の商品が他の国々から輸入される場合には、植民地から輸入されるものよりも高率の税が課される。

(2) 植民地から輸入されるものに対して奨励金が与えられる。

　排他的独占の結果として、イングランドの植民地（北アメリカ）は「列挙商品」をイングランド以外のいかなる国へも輸出することはできない。スミスは、「列挙商品」を「イングランド vs. 他の国々」の視点から議論し、以下のことを指摘している。

　①イングランドの「相対的利益」

　植民地との排他的独占貿易は、それのできない国々（他の国々）の享楽と産業を衰退させ、できる国（イングランド）の享楽と産業を繁栄させる。イングランドが「列挙商品」を他の国々よりも安く買うことが他のどの国よりも、イングランドの享楽の増大に寄与し、イングランドの産業の発展に寄与している。

　②イングランドの「絶対的利益」

　もし「列挙商品」の自由貿易が認められれば、列挙商品は従来よりもはるかに広大な市場が与えられることになるから増産され、列挙商品の価格は現在より引き下げられていたであろう。その結果、「列挙商品」は他の国々ばかりではなく、イングランドへも、現在よりももっと安価に輸入されたであろう。それゆえ、植民地との自由貿易は、イングランドにおいても、その他どこの国においても、「列挙商品」の低廉さと豊富さによって、享楽を増し、産業を発展させたであろう。

【母国の産業は高度化 vs. 植民地の産業は非高度化】

　スミスは「たとえ植民地の生産物であっても、いっそうすすんだ精製品となると、大ブリテンの商品や製造業者たちは、それらのものの市場を自分たちの手に独占しておこうとし、立法府を説得して高率の税を課したり、またあるいは、絶対的に禁止して、その種の製造業（高度化された製造業—引用者注）が植民地に勃興するのを阻止しようとしてきた。」（訳書 II p. 399）と述べて

いる。すなわち、母国の政策は、高度化された製品の生産は母国が独占し、植民地には高度化された製造業を発展させないというものであった。そして、植民地では土地は依然としてきわめて安く、労働人口はきわめて多かったので、高級で精巧なものを自ら製造するよりも、母国から輸入したほうが安上がりであり、植民地の立場からは、高度化された製造業の勃興を阻止されても問題にはならなかった。

【植民地統治政策：イングランド、スペイン・ポルトガル、フランス】

　イングランド、スペイン・ポルトガル、フランスの植民地貿易政策はすべて重商主義であったが、植民地統治政策は各国で異なった。

（1）イングランド

　イングランドの植民地の住民は、外国貿易を除くあらゆる問題について完全な自由を享受していた。彼らは母国の居住者よりも平等であり、その習俗はより共和主義的であった。

（2）スペイン・ポルトガル

　スペイン・ポルトガルの植民地には本国の専制政治が持ち込まれた。

（3）フランス

　フランスの植民地には本国の専制政治が持ち込まれた。フランスの植民地統治は、大ブリテンに比べると専断的・暴力的であり、スペイン・ポルトガルに比べると合法的・自由である。

　スミスは、イングランドの北アメリカ植民地の進歩発展の跡を見れば、イングランドの統治が優れていたことが分かると論じ、「アメリカに植民し、その土地を耕作させたものは、ヨーロッパ諸国の政府の叡知と施策ではなく、その無秩序と不正義の結果だということになる。」（訳書 Ⅱ p. 413）と述べている。

【奴隷の使役法：イングランド vs. フランス】

　ヨーロッパのすべての植民地ではさとうきびの栽培はすべて黒人奴隷によって行われ、奴隷を使役して行う農耕の利潤の大小は奴隷の取り扱い方如

何にかかわっていた。スミスによれば、フランスの開拓者は、イングランドの開拓者よりも奴隷を上手に使役するとされ、その理由は、第1に奴隷保護法は、政治が専制的な植民地のほうが、政治が自由な植民地よりもいっそう十分に施行されている、第2に奴隷の状態は、自由な政治のもとでよりも専制政治の場合のほうが良好である、というものである（訳書Ⅱ pp. 410-411）。

【植民地貿易の排他的独占とイングランドの「植民地貿易 vs. それ以外の貿易」】

スミスは、植民地貿易の排他的独占の「植民地貿易 vs. それ以外の貿易」への影響について、以下のことを指摘している。

(1) アメリカ植民地貿易の独占は、イングランドの大量の資本をそれ以外の貿易から植民地貿易に強いて向かわせ、イングランドの各産業部門の間の自然的均衡を全面的に破壊した。つまり、イングランドの産業は、多数の小市場向きではなく、アメリカ植民地という大市場向きに構成されるようになった。

(2) すべての外国資本をアメリカ植民地貿易から排除することによって、アメリカ植民地貿易に用いられる資本の総量を減少させ、さらに他のすべての貿易におけるイングランドの資本を減少させたので、イングランドのすべての貿易部門の利潤率はアメリカとの自由な貿易がすべての国に許されている場合に生じる利潤率よりも引き上げられた。

(3) イングランドの資本・貿易・産業の大半がアメリカ植民地市場という1つの特定市場だけに適合してしまうようになると、多種多様な市場に適合する場合よりも、不安定かつ危険なものになってしまった。

【植民地貿易の独占と資本の用途】

資本の最も有利な用途は生産的労働を最大量雇用し、年々の生産物を最大限産出するものであり、スミスは、アメリカ植民地貿易の排他的独占が、イングランドの資本の用途にどのような影響を与えたかを検討し、以下のこと

を指摘している。

(1) 植民地貿易の独占は、イングランドの資本の一部を、近隣の国々（ヨーロッパ諸国、地中海沿岸諸国など）との貿易から、遠隔地の国々との貿易へ強いて向かわせた。

(2) 植民地貿易の独占は、イングランドの資本の一部を、消費物の直接貿易から迂回貿易へ強いて向かわせた。アメリカ植民地からの輸出が母国イングランドのみに制限されている「列挙商品」の中には「アメリカ植民地からの輸入量＞イングランドの国内消費量」である商品があり、それはイングランドから他国へ輸出（迂回輸出）された。

(3) 資本が雇用しうる生産的労働量は資本の回転度数に正確に比例し、資本の「近隣の国々との貿易から遠隔地の国々との貿易へのシフト」「直接の国内消費用の貿易から迂回貿易へのシフト」は資本の回転度数を小さくし、雇用しうる生産的労働量を少なくする。つまり、植民地貿易の独占は、資本を、より多量の生産的労働を扶養するはずの用途から引き揚げて、それをはるかに少量の生産的労働しか扶養しえない用途に振り向けたのである。

【植民地貿易の効果と独占化の影響：イングランド】

スミスは、イングランドにとって、アメリカ植民地貿易の効果と、アメリカ植民地貿易の排他的独占の影響を区別しなければならないとしたうえで、第1にアメリカ植民地貿易は有益である、第2にアメリカ植民地貿易の排他的独占は必ず有害である、第3に「アメリカ植民地貿易の有益＞アメリカ植民地貿易の排他的独占の有害」、と論じている。すなわち、

(1) イングランドの生産物の「イングランドの供給量＞ヨーロッパ諸国・地中海沿岸諸国の需要量」のとき、アメリカ植民地自由貿易（「自然的自由の状態のもとにおける植民地貿易」）は遠方とはいえ、大きな市場を提供するという意味で有益なものである。

(2) アメリカ植民地貿易の排他的独占は利潤率を引き上げることによって、旧市場から生産物が流れ込み、旧事業から資本が流れ込む。それは資本をより多量の生産的労働を扶養するはずの用途から引き揚げて、それをはるかに

少量の生産的労働しか扶養しえない用途に振り向けたのである。

（3）イングランドにとっては、植民地貿易の好影響は独占化の悪影響を上回っている。というのは、植民地貿易によって開かれる新市場・新事業は、独占によって失われる旧市場・旧事業よりは、はるかに広範でかつ巨大であるからである。

【植民地貿易の効果と貿易の「一般的自由 vs. 独占」：イングランド vs. スペイン・ポルトガル】

イングランドとスペイン・ポルトガルはともに植民地貿易の排他的独占を行っていたが、イングランドはスペイン・ポルトガルよりも、貿易の一般的自由では優れていた。

（1）イングランドにおいては、植民地貿易の好影響は、貿易の一般的自由に助けられて、植民地貿易の独占の悪影響を上回り、製造業は植民地貿易によって発展した。

（2）スペイン・ポルトガルにおいては、植民地貿易の独占の悪影響は、貿易の一般的独占によって加重され、植民地貿易の好影響を上回り、製造業は植民地貿易によって衰退した。

ポイント

（1）ヨーロッパ諸国の植民地（北アメリカ）で富、人口および土地の改良の振興がきわめて顕著であったのは、「豊饒な土地」「自由」の2つの条件が整っていたからである。

（2）植民地貿易に関するさまざまな統制策は、母国や植民地の利害よりは貿易商人の利害を考慮して設計されていた。

（3）植民地との排他的独占貿易は、そのできない国々（他の国々）の享楽と産業を衰退させ、できる国（イングランド）の享楽と産業を繁栄させた。

（4）母国の政策は、高度化された製品の生産は母国が独占し、植民地には高度化された製造業を発展させないというものであった。

（5）イングランドの植民地の住民は、外国貿易を除くあらゆる問題について完全な自由を享受していた。彼らは母国の居住者よりも平等であり、そ

の習俗はより共和主義的であった。スペイン・ポルトガルの植民地には本国の専制政治が持ち込まれた。フランスの植民地統治は、大ブリテンに比べると、専断的・暴力的であり、スペイン・ポルトガルに比べると、合法的・自由である。イングランドの北アメリカ植民地の進歩発展の跡を見れば、イングランドの統治が優れていたことが分かる。

（6）フランスの開拓者はイングランドの開拓者よりも奴隷を上手に使役するとされ、その理由は、第1に奴隷保護法は、政治が専制的な植民地のほうが、政治が自由な植民地よりもいっそう十分に施行されている、第2に奴隷の状態は、自由な政治のもとでよりも専制政治の場合のほうが良好である、というものである。

（7）イングランドにとって、アメリカ植民地貿易の効果と、アメリカ植民地貿易の排他的独占の影響を区別しなければならず、第1にアメリカ植民地貿易は有益である、第2にアメリカ植民地貿易の排他的独占は必ず有害である、第3に「アメリカ植民地貿易の有益＞アメリカ植民地貿易の排他的独占の有害」である。

（8）イングランドにおいては、植民地貿易の好影響は、貿易の一般的自由に助けられて、植民地貿易の独占の悪影響を上回り、製造業は植民地貿易によって発展した。スペイン・ポルトガルにおいては、植民地貿易の独占の悪影響は、貿易の一般的独占によって加重され、植民地貿易の好影響を上回り、製造業は植民地貿易によって衰退した。

注

（注1）スミスは、金・銀の鋳貨は自国内を流通している貨幣であり、金・銀の地金は「商業共和国の貨幣」（訳書 Ⅱ p. 128）、つまり商業諸国間を流通している貨幣であると説明している。

（注2）スミスは「アメリカの発見がヨーロッパを富ませたのは、金銀をアメリカから輸入したからではない。（中略）それは、ヨーロッパのあらゆる商品にたいして無限の新市場を開いて、新しい分業と技術の改良をひき起したのである。」（訳書 Ⅱ pp. 134-136）と述べている。

（注3）総生産物－「生産的費用（原投資・年投資）」＝「純生産物」＝地代＞0であるので、耕作者、農業者、農業労働者は「生産的階級」と呼ばれている（訳書 Ⅱ pp. 570-571）。ただし、生産的費用（原投資・年投資）の中には資本の利潤が含まれている。

（注4）スミスは、ある特定の雇用者が雇用できる労働者の数はその雇用者の資本の量に対して一定の比率を保っていなければならない、同様に、社会全体

が継続的に雇用できる労働者の数はその社会の資本の量に対して一定の比率を保っていなければならないと論じている。

(注5) スミスは、北アメリカ植民地（米国）を取り上げ、貿易収支が赤字であっても、恒常的に「生産＞消費」であることはありうると論じている。

(注6) スミスは「労働の貨幣価格は、つねに、労働者が自分と自分の家族を養うに足るだけの穀物を買える程度でなければならないものであり、この生活の程度が十分であるか、まあまあの程度か、不十分なものかは、その社会が進歩向上的状態にあるか、停滞的か、衰微に向っているかという事情如何によって決まり、それを基準として雇主は労働者を遇さなければならなくなる。」（訳書 II pp. 260-261）と述べている。

(注7) スミスによれば、国家危急の場合には、「正義の常法」（自由化）を犠牲にして、穀物輸出制限が正当化される（訳書 II p. 315）。スミスは「輸出禁止は、その国の改良と耕作を制限して、その国の住民にたいして必要な供給量だけにとどめてしまう。これにたいして、輸出を自由にしておくことは、その国が耕作を拡大して、諸外国の国民にも供給することを可能にするのである。」（訳書 II p. 311）と述べている。

第5章　財政（歳出・歳入・公債）

（第5篇第1〜3章）

1　歳出（第5篇第1章）

【『国富論』第5篇第1章の構成】

　『国富論』第5篇第1章は、主権者・国家の必要な支出（歳出）は何かを取り上げ、第1に支出のうち、どれを社会全体の一般的な拠出によって賄うべきか、第2に支出のうち、どれを社会のある特定部分だけの、すなわち、ある特定の成員の拠出によって賄うべきかを論じている。

　『国富論』第5篇「主権者または国家の収入について」第1章「主権者または国家の経費について」の構成は以下のとおりである。

　第1節　軍事費について

　第2節　司法費について

　第3節　公共事業と公共施設の経費について

　　第1項　社会の商業を助成するための公共事業と公共施設について

　　[1] 商業一般の助成に要する公共事業と公共施設について

　　[2] 商業の特定部門を助成するために必要な公共事業および公共施設について

　　第2項　青少年教育のための施設の経費について

　　第3項　あらゆる年齢の人々を教化するための施設の経費について

　第4節　主権者の尊厳をたもつための経費について

　結論

1-1 軍事支出

【主権者の第1義務は国防】

スミスは「主権者の第1の義務は、その社会を、ほかの独立社会の暴力と侵略から守るということだが、これは軍事力によってのみ果すことができる。」(訳書 Ⅲ p. 17) と述べている。『国富論』は GDP をいかに増やせばよいかの本であるが、スミスは国防は経済より重要であり、主権者・国家の第1義務は軍事力による国防であると論じている。

スミスは、狩猟民族 (北アメリカの原住諸種族など)、遊牧民族 (タタール人、スキタイ人、アラビア人など)、農耕民族 (古代ギリシャ人、ペロポネソス人、ローマ人など) の戦争準備・戦争および国防費の負担の歴史を詳論したうえで、「古代のギリシャやローマの共和国では、(中略) また封建諸政府のもとでは、(中略) 軍人という職業は、他の職業から独立した別個のものにはなっておらず、市民の特定階級の唯一または主要な職業をなすこともなかった。国家の臣民はだれでも、その生計を立てるのに、ふだんどんな職業や仕事についていようとも、平常の場合にはいつも、自分は本来の職業と同様に軍人の職業にも向いていると考えていたし、非常の場合にもたいてい、それを遂行する義務があると考えていた。」(訳書 Ⅲ pp. 26-27) と述べている。つまり、古代・中世時代では、市民が国防のための軍事力を平時から市民生活をしながら整えており、戦時に用いるための経費を主権者・国家が負担することはなかった。

そして、スミスは、時代が進むにつれて、「製造業の発達」(農夫・牧羊者には閑暇があるが、職人・製造業者には閑暇がない)、「戦争技術の進歩」(火器の発明など) といった2つの理由で、「従軍する者は自前で食べてゆけ」ということができなくなったと指摘し、「その社会を、ほかの独立社会の暴力と不正から防衛するという主権者の第1の義務は、その社会が文明化するにつれて、次第にますます高くつくようになる。本来は、平時戦時を問わず、主権者にはなんの費用もかからなかった社会防衛のための軍事力は、社会の改良が進んでくると、初めは戦時に、のちには平時にも、主権者によって維持されざるをえなくなる。」(訳書 Ⅲ p. 44) と述べている[注1]。

【民兵 vs. 常備軍：軍備の方法】

スミスは、勤勉な、富裕な国民は他国から襲われやすいと指摘したうえで、国防には「民兵」「常備軍」の2つの方法があると論じている（訳書 III pp. 28-29）。

(1) 民兵

国家は、人民の利害・天分・嗜好の傾向などすべておかまいなしに、軍事教練の実習を強制し、兵役適齢の市民全部、あるいは一部分を、「民兵」として、ある程度まで軍人の職業を兼ねるように義務づけることができる。

(2) 常備軍

国家は、一定数の市民を雇用して、軍事教練を常時実習させて、軍人という職業を、他の職業から独立した別個の一特殊職業とすることができる。

スミスは、近代の軍隊では、兵士が武器を使う腕前よりも、「規律と秩序、そして命令に即座に従うこと」が一層重要な素質であると指摘し、この点で、常備軍は民兵よりもはるかに優れていると論じている。

【常備軍】

スミスは、軍人という職業を1つの特殊職業となしうるのは国家の叡知だけであると論じ、以下のことを指摘している。

(1) 野蛮民族（遊牧民族）の民兵は、文明国民（農夫、職人・製造業者の国民）の民兵より強い。

(2) 常備軍は、軍律が正しいので、どんな種類の民兵よりも優れている。マケドニアは常備軍、古代ギリシャ諸共和国・大ペルシャ帝国は民兵であったので、マケドニアは古代ギリシャ諸共和国・大ペルシャ帝国を打ち破った。

(3) 技術の進歩、産業の発達につれて、首長の権威はしだいに衰え、また人民は軍事教練にあてる時間が少なくなったので、民兵にとって代わって、常備軍が導入された。

(4) 自国の安全は常備軍を採用するかどうかにかかっており、文明国民が防衛のために民兵に依存していると、野蛮国民から征服される危険にさらされることになる。スミスは「どんな国の文明も、常備軍という手段によらな

いで永続することはできないし、あるいは相当の期間保持することさえできない。」（訳書 Ⅲ p. 42）と述べている。

（5）常備軍によって支持されていると自覚している主権者は、どんなに乱暴な、根拠のない、放埓な抗議が出てきても、ほとんどびくともしない。

（6）「放埓に近いほどの自由」は常備軍によって安全を保障されている国々でだけ許されうる。スミスは「常備軍は自由にとってけっして危険なものたりえない。逆に、常備軍は、場合によっては自由にとって有利なこともありうる。」（訳書 Ⅲ p. 43）と述べている。

【「古代 vs. 近代」の「富裕な文明国民 vs. 貧乏な野蛮国民」】

　スミスによれば、古代には富裕な文明国民は貧乏な野蛮国民に対して防衛することの難しさを思い知り、近代には常備軍を維持できない、火器を購入できない貧乏な野蛮国民は、常備軍を維持でき、火器を購入できる富裕な文明国民に対して防衛することの難しさを思い知っていると指摘している。そして、スミスは「火器の発明は、一見はなはだ有害のように見える発明だが、これは文明の永続と拡大の両方にとってたしかに好ましい。」（訳書 Ⅲ p. 46）と述べている。

1-2　司法支出

【主権者・国家の第2義務は司法】

　スミスは「主権者の第2の義務は、その社会のどの成員をも、同じ社会の他の成員の不正や抑圧から、できるかぎり保護する、あるいは裁判の厳正な実施を確立するという義務である」（訳書 Ⅲ p. 51）と述べている。つまり、主権者・国家の第2義務は司法権力による不正・抑圧からの保護であると論じている。

【財産への侵害と政府・司法権力の必要性】

　スミスによれば、狩猟民の時代（社会の第1期）には、狩猟民族は財産をほとんど有しないので不平等の生じる余地はないが、遊牧民の時代（社会の第2

期）には、財産の大きな不平等が生じうるとされる。スミスは「大財産のあるところ、かならず大不平等がある。」「富者の貪欲と野心、貧乏人が労働を嫌悪し、目先の安易さと享楽を好む心（中略）は、ひとの財産を侵すようにそそのかす情念であり」（訳書Ⅲ p. 52）と述べ、個人の財産が大きくなると、こうした情念による不法行為から保護してくれる政府・司法権力を必要とするようになると論じている。

【政府は服従がないと成立しない：服従をもたらす原因】

　スミスは、政府はある程度の服従がないと成り立たないと論じ、統治制度ができる前から存在する「若干の人々に服従する」「若干の人々を優越させる」原因として以下の4つを挙げている（訳書Ⅲ pp. 53-58）。

（1）「肉体の強さ、美しさ、軽快さ、精神の知と徳、慎慮、正義、堅忍と中庸といった個人的資質」

　スミスによれば、第1に肉体的な資質は精神的な資質を伴わない限り権威を生むことはない、第2に精神的な資質だけで強大な権威を生むことができる。

（2）「齢が多いこと」

　最年長の者が上の地位を占める。

（3）「財産が多いこと」

　スミスは、富（財産）の権威は社会のどの時代においても大きいとして、「財産の権威が、年齢の権威、また個人的資質の権威のいずれよりもはるかに大きいということは、財産における、重大な不平等が生じて以降、社会のすべての時期をつうじて、たえざる不満の種であった。」（訳書Ⅲ pp. 55-56）と述べている。

（4）「生れのよさ」

　スミスは「家柄の古さとは、どこでも、富の古さ、あるいは通例富にもとづくか、富にともなう高い地位の古さを意味している。」（訳書Ⅲ p. 56）と述べている。つまり、生まれがよいということは、そう主張する人の一族が昔から財産家であったことを意味する。

かくて、スミスは「生れと財産とが、主として、人の上に人を据える２つの事情であることは明らかである。これらは人と人との差別を生む二大源泉であり、また、したがって、人々のあいだに権威と服従とを自然にうちたてる主要な原因である。」（訳書Ⅲ p. 58）と述べている。つまり、「生れと財産」は第１に一種の行政権、第２に一種の司法的な権威をもたらすのである。

【「生れと財産」による不平等と政府】

　「生れと財産」による不平等は、不平等それ自身を維持するために、政府を必要とする。これについて、スミスは「政府は、財産の安全のために設けられるかぎりでは、そのじつ、貧者にたいして富者を防衛するため、あるいはいくらかの財産をもつ人々を、まったくの素寒貧にたいして防衛するために設けられるのである。」（訳書Ⅲ p. 60）と述べている。

【主権者の司法権は「収入項目 vs. 支出項目」】

　主権者が司法権を行使すれば、政府支出を伴うことになっているが、スミスは、第１に「主権者に裁判を申し出る者は裁判で有利になるように支払い（贈物・手数料）を行った」「有罪の判決を受けた者は主権者に罰金を支払った」といった２つの理由で、司法権の行使は政府収入をもたらした、第２に主権者が軍事費を賄うために租税を徴収するようになったとき、裁判の腐敗を防ぐために、裁判官は贈物・手数料を受け取ってはならず、裁判は無料で運営されるようになり、裁判の全費用が法廷手数料・印紙税で賄われるようになったと指摘している[注2]。

　かくて、スミスは「訴訟の審理に使った時間数、日数に比例させるなら、手数料は、裁判官のおのおのが一所懸命にやるように、いくらかのはげみになるだろう。公務というものは、仕事をきちんと仕上げないかぎり、その報酬がもらえず、また報酬を、仕事をするとき一所懸命やったかどうかに比例するようにしておくと、もっともよく遂行されるものである。」（訳書Ⅲ p. 67）と述べている。

【行政権と司法権の分離：裁判の公平無私な運営】

スミスは「裁判官は、行政権の気まぐれによって、その職からはずされるおそれがあってはならない」（訳書Ⅲpp. 72-73）と述べ、裁判の公平無私な運営を行うためには、司法権を行政権から分けておくというだけではなしに、できるだけ行政権から独立させることが必要であると論じている^(注3)。

1-3　公共事業と公共施設の支出

【『国富論』第5篇第1章第3節の構成】

『国富論』第5篇第1章第3節「公共事業と公共施設の経費について」の構成は以下のとおりである。

第1項　社会の商業を助成するための公共事業と公共施設について

　[1]商業一般の助成に要する公共事業と公共施設について

　[2]商業の特定部門を助成するために必要な公共事業および公共施設について

第2項　青少年教育のための施設の経費について

第3項　あらゆる年齢の人々を教化するための施設の経費について

【主権者・国家の第3義務は公共事業・公共施設】

スミスは「主権者または国家の第3の、そして最後の義務は、つぎのような公共施設と公共事業を起し、維持することにある。」（訳書Ⅲp. 76）と述べ、公共事業・公共施設として、以下のものを挙げている。

（1）国防のためのもの

（2）司法の運営のためのもの

（3）社会の商業助成のためのもの

（4）人民の教育振興のためのもの

　①青少年教育のためのもの

　②あらゆる年齢層を指導するためのもの

スミスによれば、公共事業・公共施設は、社会全体にとっては最高度に有益であるが、個人が起こし、維持することは期待され得ないものである。

【商業一般を助成するのに必要な公共事業・公共施設：道路、橋、運河、港など】

　まずは「商業一般を助成するのに必要な公共事業・公共施設」として、道路、橋、運河、港などを挙げ、それらの建設維持費をいかに賄うべきかを論じている。

（1）道路（公道）

　道路（公道）の建設維持費は、公道を利用する財貨の分量・重さが増えるにつれて増大し、通行料（「通行税」：訳書 Ⅲ p. 78）によって賄うべきである。

（2）橋

　橋の建設維持費は、橋の強さに依存し、橋の強さはそこを通る車の数と重さに見合っていなくてはならず、通行料（「通行税」：訳書 Ⅲ p. 78）によって賄うべきである。

（3）運河

　運河の建設維持費は、運河の水深と給水量に依存し、運河の水深と給水量は運搬船の数とトン数に見合っていなくてはならず、通行料（「通行税」「水門税」：訳書 Ⅲ pp. 78-80）によって賄うべきである。

（4）港

　港の建設維持費は、港の広さに依存し、港の広さは碇泊する船舶の数と釣り合っていなければならず、利用料（「入港税」：訳書 Ⅲ p. 78）によって賄うべきである。

　スミスは、道路、橋、運河、港などの建設維持費は、行政権による一般収入（税金）ではなく、それぞれの運営収入（通行料・利用料）によって賄うべきであると主張し、通行料・利用料の大きさは公共事業・公共施設に与える損耗に正確に比例しなければならないと論じている。また、通行料・利用料の負担について、スミスは「この税（通行料・利用料—引用者注）、すなわち通行税も、運送業者が前払いするものの、終局的には消費者が支払うのであって、消費者はつねにそれを財貨の価格に含めて、負担せざるをえない。とはいうものの、運送費が、そうした公共事業のおかげでおおいに安くなるから、財貨は通行税がかかっても、そうでない場合よりかえって安く消費者に届く。

（中略）最終的にこの税を払うものは、税を払って損する以上に、税をうまく使って得を取るのである。」（訳書Ⅲ p. 79）と述べている[注4]。

【道路（公道）は公的管理 vs. 運河は私的管理】

（1）道路（公道）は公的管理

　スミスは、道路（公道）の通行料（「通行税」）は、公人の管理に委ねるべきであり、私人の帰属にしてはいけないと主張している。スミスは、第1に「その重さ（公道を利用する財貨の分量・重さ―引用者注）に比例して車にかける税というものは、道路の補修という単一の目的に振り向けられる時こそ、しごく公平な税であるが、なにかそれ以外の目的、すなわち国家の一般的な緊急の用に充てるために振り向けるとなると、これはしごく不公平な税になるのである。」（訳書Ⅲ p. 84）と述べ、つまり、車はその車が道路に与えた損耗を償うだけでよいのである、第2に通行料（「通行税」）は、財貨の価格を、その価値に比例してではなく重量に比例して引き上げるので、「高価格だが軽い財貨 vs. 低価格だが重い財貨」について、高価格だが軽い財貨を購入する富裕者の負担は小さく、低価格だが重い財貨を購入する貧者の負担は大きいと論じている（訳書Ⅲ p. 85）。

（2）運河は私的管理

　スミスによれば、運河は整備しておかないと航行が止まり、通行料（「通行税」「水門税」）から得ることができる儲けがなくなる。運河の通行料が私人に帰属しているところでは、通行料の管理を公人に委ねると、公人は何の利害関係も感じないので、運河事業の維持に対して私人ほどには注意を払わない。

【商業の特定部門を助成するのに必要な公共事業・公共施設】

　次に、スミスは、商業の特定部門を助成するためには、特別の施設が必要であり、それには特別な経費が必要であると論じ、「特定の商業部門を保護するためにかかる特別の経費は、当の特定部門にかける穏当な税でまかなうべきだ、という意見は不合理なものとは思われない。」（訳書Ⅲ p. 93）と述べている[注5]。

【青少年教育のためのもの：公共事業・公共施設】

　スミスは、青少年教育のための施設の経費は自らの収入で賄うことができると論じ、収入源として「授業料」「謝礼金」「寄付」などを挙げている（訳書 III p. 141）。

【教師の報酬】

　スミスは、教師の報酬について、第1に教師の報酬が授業料・謝礼金によって賄いきれないときに、国が負担しなければならない必要はなく、寄付によって賄うことができる（訳書 III pp. 141-142）、第2に「どんな職業でも、（中略）努力せざるをえない必要に比例して努力するのがつねである。この必要は（中略）かれらの職業の報酬だけを財源とする人々の場合に最大である。（中略）競争が自由なところでは、だれもがお互いに相手を仕事から押しのけようと努めている競争者たちの対抗関係があるから、各人ともその仕事をある程度は正確に仕上げようと努力しないわけにゆかない。（中略）学校や学寮の寄付財産は、どうしても、教師たちが精を出す必要を多かれ少なかれ減らしてしまうことになった。」（訳書 III pp. 142-143）、第3に「かれ（教師—引用者注）は、その授業を受けた人々の愛着、感謝、そしていい評判を、なおいくらかは気にする。そして、こうした好意的な感情を得るには、教師がそれにふさわしくすること、すなわち有能に、一所懸命に義務のすべてを果すこと以上の手はありそうにない。」（訳書 III pp. 143-144）、第4に教師は俸給の全部を国から受け取るようになると、職務を怠ることを覚える（訳書 III p. 180）、と論じている[注6]。

【大学の運営：スミスの指摘】

(1)「学寮や大学の校規は、総じて、学生の便益のためにではなしに、教師の利益のため、（中略）教師の安逸のためになるようにできている。」（訳書 III p. 149）

(2)「教師がほんとうにその義務を果している場合には、学生の大半が、いやしくもかれらの義務を怠るなどという例はない、（中略）真に出席するに値

する講義ならば、そういう講義の行なわれているところでは、（中略）出席を強制する校規などおよそ必要がない。」（訳書 Ⅲ p. 149）

(3)「教師がその義務を果しているかぎり、強制とか拘束とかは、教育のどの段階を行なってゆくにも、その必要はまずありえない。」（訳書 Ⅲ p. 150）

(4)「庶民の教育は、文明の進んだ商業的社会では、いくらかでも地位や財産のある人々の教育より、おそらく、国が一段と配慮してやる必要があろう。」（訳書 Ⅲ p. 178）

【あらゆる年齢層を指導するためのもの：公共事業・公共施設】

スミスは、あらゆる年齢の人々を教化するための施設は主に宗教上の教化（人々を現世でよき市民にすることよりも、来世という、もう１つのより善い世界のために、今から用意させることを目的とする）のためのものであり、教義を教える教師の報酬は、聴講生の自発的な寄進、国の法律にもとづく報酬［土地財産、地租（10分の１税）、定額の俸給（聖職禄）など］によって賄われることができると論じている（訳書 Ⅲ p. 192）。

【「新興宗教の教師 vs. 国教の僧侶」の努力、熱意、勤勉さ】

スミスは、新興宗教の教師の報酬は、主として聴講生の自発的な寄進によるものであるので、その努力、熱意、勤勉さは大きいが、国教の僧侶の報酬は、主として国の法律にもとづく報酬であるので、その努力、熱意、勤勉さは小さいと論じている。

「新興宗教の教師 vs. 国教の僧侶」について、スミスは「この種の僧侶（在来国教の僧侶—引用者注）は、こうした緊急事態（国教の僧侶が『人気があって大胆な狂信者の一派』（訳書 Ⅲ p. 193）に攻め立てられると—引用者注）になると、俗界の為政者に泣きついて、反対派（新興宗教—引用者注）を公共の平和を乱すものとして迫害し、撲滅し、追い払ってもらう以外には、なんの方策も持ち合せないのが普通である。」（訳書 Ⅲ p. 193）と述べている。

【宗教論争の時代は政治的党争の時代】

　スミスは「激烈な宗教論争の時代というのは、総じて、同じくらい激烈な政治的党争の時代でもあった。」（訳書 Ⅲ p. 198）と述べている。つまり、第1に1つの政党は教義を受け入れることによって1つの宗派と同盟し、もう1つの政党は教義を受け入れることによってもう1つの宗派と同盟する、第2に選挙で勝利した政党と同盟関係にあった宗派は政党の支持・庇護のおかげで敵対する宗派を沈黙・屈服させることができる、第3に沈黙・屈服させられた宗派は選挙で敗北した政党と同盟を結んでいるので、勝利した政党の敵になってしまう、と論じている。

　スミスによれば、選挙で勝利した政党と同盟関係にあった宗派の要求は、第1に為政者（選挙で勝利した政党）は敵対宗派のすべてを沈黙・屈服させること、第2に「働かずとも暮らせるだけの給与」を受け取ることができることである（訳書 Ⅲ p. 199）^(注7)。

【「下層階級の厳格主義 vs. 上層階級の自由主義」と宗教】

　スミスによれば、文明社会（階級の区別がある社会）では、下層階級（庶民）から尊ばれる「厳格主義」と、上層階級によって重んじられている「自由主義」がある。

　スミスは「ほとんどすべての宗教上の宗派は、民衆のあいだから起るのであって」（訳書 Ⅲ p. 204）と述べ、下層階級（庶民）は田舎の村から大都会に出て来るや否や、「かれは世に埋もれ、不善のうちに身をひそめる。かれの行動を観察したり注目したりする者など一人もいはしないし、そこでまた、かれのほうも自分の行動をおろそかにし、ありとあらゆる低劣な道楽と悪徳に身を持ち崩すことに、どうしてもなりやすい。こんな名も知られぬ状態からうまく抜け出し、かれの行動が、いずれかの立派な社会集団の注目の的になるためには、宗教上の小宗派の一員となるにしくはない。その瞬間から、かれは、いまだかつてもったことのない、ある程度の重みを備えた人物となる。」（訳書 Ⅲ p. 206）と述べている。田舎の村から大都会に出て来た人が「立派な社会集団の注目の的になる」と言っても、注目の内実は同門の信徒

たちから宗派の名誉を守るための監視である。

　スミスは、下層階級（庶民）の間で起こっている宗教上の小宗派は「不快なくらい厳しく、非社交的だった」（訳書Ⅲ p. 206）と特徴づけ、これらの特徴をもつ小宗派を以下の2つの対策によって矯正できると論じている。つまり、第1にスミスは「科学は熱狂や迷信という毒にたいする偉大な解毒剤であり」（訳書Ⅲ p. 207）と述べ、科学・哲学の研究によって、下層階級（庶民）がむき出しで毒にさらされることを防がなければならない、第2に民衆娯楽が醸し出す陽気さは、下層階級（庶民）を狂乱させる狂信的な煽動者の手管を嘲笑あるいは嫌悪の的とすることによって、小宗派を矯正できると論じている。

【国教（支配的な宗教）vs. 主権者（国家）】

　スミスは「国教あるいは支配的な宗教がある国々では、（中略）主権者は、その宗派の教師たちの大多数に相当程度の影響力を振う手だてをもたぬかぎり、けっして安全たりえない。」（訳書Ⅲ p. 209）と述べ、以下のことを指摘している。

(1) 国教会は巨大な一個の結社であり、とくにローマ教会はもっとも恐るべき結社であり、教会の最大の関心事は国民に対する権威を保つことである。

(2) 宗教の権威は他のいっさいの権威に勝り（訳書Ⅲ p. 210）、大領地では、僧侶は国王の支持・援助がなくても平和を保つことができたが、国王は僧侶の支持・援助なしに平和を保つことはできなかった。

(3) 主権者は、国教会に対して主権者の権威を用いて直接反対することは不可能であるので、僧職にある個人個人に対する免職その他の処罰への恐怖、昇進への期待によって、国教会へ影響を与えることが必要であるとされているが、スミスは「恐怖は、（中略）最低の統治用具であり、とりわけ、わずかにもせよ、独立への自負を抱いている階級の人々にたいしては、けっして行使すべきではない。」（訳書Ⅲ p. 212）と述べ、国教会に所属して尊敬を集めている僧侶への強制・暴力は危険かつ破滅的であると論じている。

(4)「強制・暴力 vs. 操縦・説得」について、強制・暴力は最も悪質で危険

な統治用具であり、操縦・説得は最も簡単で安全な統治用具であるにもかかわらず、操縦・説得を用いることを潔しとしないのは人間のもって生まれた傲慢さによるものである（訳書 Ⅲ p. 213）。

【教会・僧侶の権力と技術・製造業・商業の発達】

　スミスによれば、第1に教会・僧侶は領地・荘園から穀物・葡萄酒・家畜・家禽などを大量に得ることができるが、それらの生産量は自らの消費量をはるかに超え、さらに技術・製造業・商業の未発達の状態ではそれらを他の財貨と交換できないので、貧民・騎士・郷紳などに対する「贅を尽した接待や、はなはだしく手広い慈善」（訳書 Ⅲ p. 217）に使ってしまうほかはなかった。しかし、もてなし・慈善という徳行のおかげで、教会・僧侶は下層階級の人々から最高の尊敬・崇拝を受けることができた、第2に技術・製造業・商業が発達すると、教会・僧侶は穀物・葡萄酒・家畜・家禽などを他の財貨と交換できるので、それらを個人的な虚栄・道楽を満足させるのに使うようになり、もてなし・慈善の範囲の縮小は教会・僧侶への従者の数を減らしてしまった。

　かくて、技術・製造業・商業の発達に伴い、教会・僧侶の「世俗的権力」は失われ、「宗教上の権威」から生じる権力のみになった。

1-4　主権者の尊厳を保つための支出
【主権者（君主・元首）の尊厳を保つための支出】

　スミスは、主権者（君主・元首）の尊厳を保つためには経費が必要であると指摘し、「君主 vs. 臣民」「元首 vs. 同胞市民」それぞれの尊厳格差において、「君主 vs. 臣民」の尊厳格差はより大きいので、「君主の尊厳を保つための経費＞元首の尊厳を保つための経費」であると論じている。

【国家の経費をいかに賄うべきか：第5篇第1章の結論】

　スミスは、「社会を防衛する経費」「主権者の尊厳をたもつための経費」はともに社会全体の一般的利益のために支出されるものであると論じ、「それ

らは、社会のそれぞれの成員みんなが、各自の能力にできるだけ比例して出すというかたちで、社会全体の一般的醸出によってまかなわれるのが理にかなっている。」（訳書 Ⅲ p. 251）と述べている。『国富論』第5篇第1章では、利用者負担を取り上げているが、上記引用文では応能負担のみを述べている。

ポイント

（1）国防は経済より重要であり、主権者・国家の第1義務は軍事力による国防である。古代・中世時代では、市民が国防のための軍事力を平時から市民生活をしながら整えており、戦時に用いるための経費を主権者・国家が負担することはなかった。社会防衛のための軍事力は、社会の改良が進んでくると、初めは戦時に、のちには平時にも、主権者によって維持されざるを得なくなった。

（2）常備軍によって支持されていると自覚している主権者は、どんなに乱暴な、根拠のない、放埒な抗議が出てきても、ほとんどびくともしない。火器の発明は一見ははなはだ有害のように見えるが、文明の永続と拡大の両方にとっては好ましい。

（3）主権者・国家の第2義務は司法権力による不正・抑圧からの保護である。大財産のあるところ、かならず大不平等がある。富者の貪欲と野心、貧乏人が労働を嫌悪し、目先の安易さと享楽を好む心は財産を侵すようにそそのかす情念であり、個人の財産が大きくなると、不法行為から保護してくれる政府・司法権力を必要とするようになる。

（4）裁判官は印紙税収入を増やすために、どの訴訟事件についても、手続きを不必要に面倒にした。これが裁判所の法律用語、訴訟手続きの形式を堕落させてしまった。

（5）主権者・国家の第3義務は公共事業・公共施設を起こし、維持することである。公共事業・公共施設は、社会全体にとっては最高度に有益であるが、個人が起こし、維持することは期待され得ないものである。

（6）教師の報酬が授業料・謝礼金によって賄いきれないときに、国が負担しなければならない必要はなく、寄付によって賄うことができる。どんな職業でも、努力せざるをえない必要に比例して努力するのがつねである。この必要はかれらの職業の報酬だけを財源とする人々の場合に最大である。教師は俸給の全部を国から受け取るようになると、職務を怠ることを覚える。給料・報酬が正確に職務の性質と釣り合っていれば、職務は立派に果

たされる。

（7）国教の僧侶は「人気があって大胆な狂信者の一派」に攻め立てられると、俗界の為政者に泣きついて、新興宗教を公共の平和を乱すものとして迫害し、撲滅し、追い払ってもらう。激烈な宗教論争の時代は激烈な政治的党争の時代でもあった。選挙で勝利した政党と同盟関係にあった宗派は政党の支持・庇護のおかげで敵対する宗派を沈黙・屈服させることができる。

（8）文明社会（階級の区別がある社会）では、下層階級（庶民）から尊ばれる「厳格主義」と、上層階級によって重んじられている「自由主義」がある。ほとんどすべての宗教上の宗派は、民衆のあいだから起る。

（9）科学は熱狂や迷信という毒に対する偉大な解毒剤であり、科学・哲学の研究によって、下層階級（庶民）がむき出しで毒にさらされることを防がなければならない。民衆娯楽が醸し出す陽気さは、下層階級（庶民）を狂乱させる狂信的な煽動者の手管を嘲笑あるいは嫌悪の的とすることによって小宗派を矯正できる。

（10）恐怖は最低の統治用具であり、独立への自負を抱いている階級の人々に対してはけっして行使すべきではない。強制・暴力は最も悪質で危険な統治用具であり、操縦・説得は最も簡単で安全な統治用具であるにもかかわらず、操縦・説得を用いることを潔しとしないのは人間のもって生まれた傲慢さによるものである。

2　歳入（第5篇第2章）

【『国富論』第5篇第2章の構成】

　『国富論』第5篇第2章は、全社会が負うべき経費を賄うために、全社会に納税させる方法にはどのようなものがあるかを取り上げ、第1に納税させる諸方法の長所、第2に納税させる諸方法の短所を論じている。

　『国富論』第5篇第2章「社会の一般収入あるいは公共収入の財源について」の構成は以下のとおりである。

　第1節　主権者または国家に専属する収入の基金あるいは財源について

　第2節　租税について

　　第1項　賃料にかける税

[1] 土地の地代にかける税

[2] 地代にでなく土地の生産物に比例する税

[3] 家屋の賃貸料にかける税

第２項　利潤、すなわち資本から生じる収入にかける税

特定の営業の利潤にかける税

第１項と第２項への付録

土地、家屋および資財の資本価値にかける税

第３項　労働の賃銀にかける税

第４項　各種の収入に無差別にかけることを意図する税

[1] 人頭税

[2] 消費財にかける税

2-1　主権者・国家に専属する収入の基金・財源

【主権者・国家の収入源】

　スミスによれば、主権者・国家の収入源としては、「主権者・国家に専属していて、国民の収入から独立した基金」と租税（国民の収入）の２つがあり、「主権者・国家に専属していて、国民の収入から独立した基金」には、国有資本と公有地があり、国有資本からは利潤と利子、公有地からは地代をそれぞれ得ることができる。すなわち、スミスは、第１に国有資本からの利潤について、秩序があり用心深い質素な行政は商業的企業を経営するのにふさわしく、「郵便事業は、ほんとうは商業的企業である。（中略）これは、おそらく、どんな性格の政府が経営してもうまくゆく、唯一の商業的企業だと私は信じる。」（訳書 Ⅲ p. 256）と述べている、第２に国家が金・銀を蓄積していれば、外国あるいは自国の臣民に貸し付け、利子を得ることができる、第３に土地は安定した、永続性のある財源であり、公有地の地代は公共収入の主な財源であった、と論じている。

【主権者・国家の収入源についてのスミスの主張】

　スミスは「主権者または国家に専属のものとすることのできる２つの収

入源である国有の資本と公有地とは、大きな文明国ではどこでも、その必要経費をまかなうのに不適当かつ不十分な財源であるから、残るところは、必要経費の大部分を、なんらかの種類の租税によってまかなう以外にないはずである。」（訳書Ⅲ p. 266）と述べている。

2-2　租税

【個人の私的収入と4種類の租税】

　スミスによれば、個人の私的収入は「地代」「利潤」「賃金」の3種類から生じるものとされ、したがって、租税には、それに対応した「地代にかける税」「利潤にかける税」「賃金にかける税」「『地代』『利潤』『賃金』の3種類すべてに無差別にかける税」といった4種類がある（訳書Ⅲ p. 268）。

　スミスは「これらの租税の多くは、（中略）その租税をかけようとする財源あるいは収入源泉から、終局的に支払われるわけではないのである。」（訳書Ⅲ p. 268）と述べている。

【租税一般についての4つの原則】

　スミスは、租税一般についての4つの原則として、以下のものを挙げている。

（1）租税の公平

　各個人は、各人それぞれの担税力にできるだけ比例して、拠出すべきである。

（2）租税の恣意性の排除

　各個人が支払う税金は、支払いの額・時期・方法などについて確定的でなければならず、恣意的であってはならない。

（3）納税者の利便性

　租税は、納税者が支払うのに最も都合のよさそうな時期に、また方法で、徴収すべきである。

（4）徴税費用の抑制

　徴税費用を抑えるべきである。

2-2-1 賃料への課税

【3 種類の賃料への課税】

スミスは、賃料にかける税として、「土地の地代にかける税」「地代にでなく土地の生産物に比例する税」「家屋の賃貸料にかける税」の 3 種類を挙げている。

【土地の地代にかける税（地租）：固定税 vs. 変動税】

(1) 地代にかける税：固定税

スミスによれば、固定地代税は、地代を不変のままとし、地代への課税額を一定とするものである。固定地代税は、第 1 に最初に定められたときには公平でも、時が経つにつれ、それぞれの耕作において、改良したりしなかったりする程度が違ってくるのに応じて、必ず不公平なものになる、第 2 に課税額は、地代が上がれば引き上げられるというものでないので、主権者・国家は地主の行う土地改良から生じる利得の分け前にあずからない、第 3 に生産物の量を減らし、生産物価格を高めることはないので、人々の勤労を妨げない。

(2) 地代にかける税：変動税

スミスによれば、変動地代税は、地代が変わるごとに、地代への課税額が変動するものである。変動地代税は、第 1 に地代が変動するたびに変更される地租の徴収費は、つねに固定した地代評価に従って課税される地租の徴収費より高いが、ごくわずかなものである、第 2 に主権者・国家は土地改良の経費を何ら負担せずに、地主の行う土地改良から生じる利得の分け前にあずかることになるので、地主の土地改良の意欲をそいでしまう。

【土地の生産物に比例する税】

スミスは、「土地の生産物に比例する税」は実は「地代にかける税」であると論じている。というのは、農業者は生産物のある一定部分を税として支払うが、これに見合う分を地主に支払う地代から差し引くからである。

「土地の生産物に比例する税」は、第 1 に不公平な税である、第 2 に「現

物」「貨幣」のいずれでも徴収しうるものである。これに関して、スミスは「公共の収入が、現物で納められるとなれば、徴税人の不手際のためにこうむる損失は非常に大きいから、人民から徴収されたもののほんの一部にしか国庫に届かないほどになろう。」（訳書 Ⅲ pp. 294-295）と述べている。

【家屋の賃貸料にかける税：家賃税】

スミスによれば、「家屋の賃貸料」は「建物料」と「敷地地代」の２つから構成され、「建物料」と「敷地地代」が課税対象である。スミスは、敷地地代は建物料よりも適切な課税対象であると論じている。

スミスによれば、「建物料」はその家屋を建てるのに費やされた資本の利子・利潤である。「建物料」は、第１に建築業者（大工・資本家的企業家）が資本を確実な担保をとって貸し付ければ手に入る利子以上をもたらさなければならず、第２に家屋をたえず修理する（ある年限のうちに、建てるのに投じた資本を回収する）のに足りなければならず、そのゆえに「建物料」は金利によって規制される。「敷地地代」は「家屋の賃貸料総額－建物料」であり、「その家屋の居住者が、そこの場所がもっている現実的あるいは想像上のなんらかの長所にたいして支払う価格」（訳書 Ⅲ p. 299）である。

スミスによれば、「家賃税」は各家屋の賃貸料総額に比例するものであり、家屋の居住者と、敷地の所有者にそれぞれかかるものである。スミスは「家賃税は、一般に富者にもっとも重くかかるだろうが、こういうたぐいの不公平なら、おそらく非常に不合理なことはなにもあるまい。」（訳書 Ⅲ p. 302）と述べている。

【家賃税の性質】

スミスによれば、第１に土地は何かを生産するが、家屋・敷地は何も生産しないので、地代は土地から支払われるが、家屋の賃貸料（家賃）は居住者の収入（労働の賃金、資本の利潤、土地の地代）から支払われる。したがって、地代に対する税は地代から支払われるが、家屋の賃貸料（家賃）に対する税は、それが居住者にかかる限りでは、居住者の収入（労働の賃金、資本の利潤、

土地の地代）から支払われる。第2に家賃税が居住者にかかってくる限り、それは居住者の収入源（労働の賃金、資本の利潤、土地の地代）のすべてに無差別にかかる税であるので、この点で消費税（消費税に対する税）と同じ性格である。スミスは「ある人の支出全体が、気前がいいか、つましいかを判断するのに、支出あるいは消費のどれか1つの項目によるとすれば、その人の家賃以上に適当なものはおそらくあるまい。」（訳書 Ⅲ p. 303）と述べている。第3に敷地地代・普通の地代はともに所有者が「自分ではなにも配慮や注意をしないでも、懐に入ってくるたぐいの収入」（訳書 Ⅲ p. 306）であるので、敷地地代・普通の地代に税をかけても、いかなる勤労も妨げられることにはならず、したがって GDP（「国民大衆の真の富と収入」）に何らの影響を与えない、第4に敷地地代は普通の地代よりも、適切な課税対象である。というのは、「敷地地代＞普通の地代」は地主の配慮・注意によるものではなく、主権者の善政のおかげによるものであるからであり、スミスは「国の善政のおかげで初めて存在しうるような財源に、特別の税がかけられること、つまり、そういう統治を支えるために、他の大部分の財源よりもいくらかよけいに貢納すること、このくらい筋の通った話はまたとない。」（訳書 Ⅲ pp. 306-307）と述べている[注8]。

2-2-2　利潤への課税

【利潤への課税】

　スミスによれば、「利潤（資本から生じる収入）」は「利子の支払に充てられ、その資本の所有者のものになる部分」「利子の支払に必要な分を超える余剰部分」の2つに分かれる。スミスは、利潤への課税について、以下のことを指摘している。

（1）「利子の支払に充てられ、その資本の所有者のものになる部分」にかける税

　スミスは、利子に税をかけても、一国の資本の量、資本を用いて営まれるべき事業の量は同じ大きさであるので、利子率を引き上げることはないと指摘し、以下の3つの理由で、利子は直接の課税対象として、地代よりもは

るかに不適当であると論じている。すなわち、第1に地代を生む「土地の広さと価値」は正確に確かめられるが、利子を生む「人が所有している資本の総額」は正確に確かめることができない。第2に「土地の広さと価値」は変動しないが、「人が所有している資本の総額」はたえず変動する。第3に土地を動かすのは不可能であるが、資本の移動は可能である。スミスは「資本の所有者は、まさしく世界市民なのであって、かならずしも、ある特定の一国にしがみついてはいない。かれは、背負いきれないような重税をかけられるためにやっかいな取調べにさらされる国を捨てて、ほかへ行こうと思いがちであり、(中略) どこかほかの国へ資本を移動させるだろう。かれが資本を移せば、かれが去った国で、それまでかれの資本が維持してきた産業は、すべて停止してしまうだろう。土地を耕すのは資本であり、労働を雇うのも資本である。」(訳書 Ⅲ pp. 314-315) と述べている。

(2)「利子の支払に必要な分を超える余剰部分」にかける税

　スミスは「利子の支払に必要な分を超える余剰部分」は資本の使用にともなう危険と労苦に対する報償であり、直接の課税対象にはできないと論じている (訳書 Ⅲ pp. 311-312)。

【利潤に税をかけようと企てた国・都市：ハムブルク vs. スイス】

　スミスは、利潤に税をかけようと企てた国・都市は、「(資本の総額をとらえるのは困難であるので—引用者注) この種の厳しい取調べの代りに、きわめてルーズな、したがって多少とも恣意的な推定でもって満足するしかなかった。こういう仕方でかけられる税は、きわめて不公平、不確定であって、この点は、ただ税をきわめて軽くすることによってしか償うことができない。」(訳書 Ⅲ p. 315) と述べている。

　スミスは、利潤に税をかけようと企てた国・都市として、「ハムブルク vs. スイス」を取り上げている。

(1) ハムブルク：納税額は非公表

　ハムブルクでは、全財産 (主として資本) の 0.25 ％を国に納める義務があったが、「各人は自分で自分の税額を査定し、行政長官のいる前で、ある額の

貨幣を年々公けの金庫に入れ、それが、かれの全財産の４分の１パーセントだと神に誓って宣言する。しかし、その額がいくらであるかは宣言しないし、また、この件にかんして検査を受けねばならぬということにはなっていない。この税は、たいへん誠実に支払われていると一般に考えられている。」（訳書 Ⅲ p. 317）これについて、スミスは「国民が行政長官たちに絶大の信頼をよせており、国を維持してゆくのに税が必要なことを納得しており、また、税が忠実にこの目的に充てられると確信しているようなところでは、こうした良心的で自発的な支払も、ときとして期待されるのであり」（訳書 Ⅲ p. 317）と述べている。

（2）スイス：納税額は公表

　スミスによれば、全市民に財産額を神に誓ってみんなの前で宣言する義務を負うことは、ハムブルクでは困難であるが、スイスでは困難ではないとされ、これに関して、スミスは「商取引という危険な事業にたずさわる商人たちは、自分たちの経理の実態をいつでもさらけ出さねばならないなどとは、思っただけでも身震いがする。信用の破滅、事業の失敗が、その結果としてあまりにもしばしば起るものだ、ということをかれらは知っているからである。」（訳書 Ⅲ pp. 318-319）と述べている[注9]。

【特定の営業の利潤にかける税】

　スミスは「人頭税」について、以下のことを指摘している。

（1）奴隷にかける人頭税

　奴隷にかける人頭税は、税をかけられた当人とは別の人によって納められ、不公平ではあるが、恣意的ではない。

（2）自由人にかける人頭税

　自由人にかける人頭税は税をかけられた当人によって納められ、恣意的であるか、不公平であるかのどちらかである[注10]。

【財産の移転：不動産（土地、家屋など）vs. 動産（貨幣の貸付など）】

　スミスは、財産の移転への課税について、以下のように論じている。すな

わち、第1に財産が同じ人に引き続き所有されている間は、課税のねらいは財産から生じる収入の一部を取り上げるものであり、財産の一部を取り上げるものではない、第2に死んだ人から生きている人へであろうが、生きている人から生きている人へであろうが、財産の移転への課税のねらいは財産の一部を取り上げるものである。

（1）不動産（土地、家屋など）の移転

　不動産（土地、家屋など）の移転は隠してはおけない法的行為であるので、直接に課税するのは容易である。

（2）動産（貨幣の貸付など）の移転

　動産（貨幣の貸付など）の移転は秘密の法的行為であることがよくあるので、直接に課税するのは容易なことではない。スミスによれば、動産（貨幣の貸付など）の移転への直接課税は困難であるので、以下の2つの間接課税があるとされる。第1は印紙税であり、返済義務を記載する証書は、あらかじめ一定の印紙税を納めた用紙などに書くべきことが要求される。第2は登記税であり、公開あるいは秘密の登記簿に、動産の移転取引を登記すべきことが要求され、この登記に課税される[注11]。

2-2-3　賃金への課税
【下層の職人階級の賃金の2つの決定要因と「労働の賃銀にかける税」】

　スミスは、下層の職人階級の賃金は「労働に対する需要」「食料品の普通または平均の価格」によって規定され、「労働に対する需要」「食料品の普通または平均の価格」が不変である限り、労働賃金への直接税は賃金を引き上げると論じている。

　スミスは「もし労働の賃銀にかける直接税が、かならずしも賃銀に同じ割合での騰貴をひき起さなかったとすれば、それはたいていの場合、この税が、労働にたいする需要をかなり減少させたがためである。産業の衰退、貧民の仕事口の減少、その国の土地と労働の年々の生産物の減少、これが一般にこうした税の結果であった。」（訳書 Ⅲ p. 350）と述べ、「労働の賃銀にかける税」は不合理で有害であると論じている。

2-2-4　人頭税と消費税

【無差別にかけることを意図する税：人頭税と消費税】

　スミスは、あらゆる種類の収入に、無差別にかけることを意図する税として、「人頭税」「消費財にかける税」（消費税）を取り上げている。これらの税は、納税者がどんな収入（地代、利潤、賃金）を得ようと、無差別にその収入から支払われざるをえないものである。

【人頭税：「推定財産 vs. 身分」に比例徴収】

　スミスによれば、「人頭税」は、第1に各納税者の財産・収入に比例させようとすれば、推定財産は日に日に変わるので、恣意的、不確定なものになる、第2に各納税者の身分に比例させようとすれば、不公平になる（訳書 Ⅲ p. 354）、第3に「公平であるが、恣意的で不確定なもの」か、「確定的で恣意的でないが、不公平なもの」かのいずれかである（訳書 Ⅲ p. 354）。

【消費財にかける税：必需品 vs. 贅沢品】

　スミスによれば、第1に国家は、国民の収入に直接かつ比例して課税することは困難であり、支出は収入にほぼ比例していると考えているので、国民の支出に課税することによって間接的に収入に課税しようとする、第2に国家は、国民の支出に課税するために、支出が投じられる消費財に課税しようとする（訳書 Ⅲ pp. 358-359）。

　消費財への課税方法には以下の2通りがある。

　①消費され切ってしまうまでにかなりの時間がかかるものへの課税

　消費財を消費しているという理由で、年々ある金額を消費者に納めさせる。

　②速やかに消費されてしまうものへの課税

　消費財がまだ商人の手許に置かれているが、消費者に引き渡される前に、税をかける。

　スミスは、消費財を「必需品」「贅沢品」に分類したうえで、消費財にかける税について論述している。

（1）必需品への課税

スミスは、必需品を「生活を維持するために必要不可欠の財貨だけではなく、その国の習慣からして、たとえ最下層の人々でも、それがなければまともな人間としては見苦しいようなものすべて」（訳書 Ⅲ p. 359）と定義し、塩、鞣皮、石鹼、蝋燭などを例示している。スミスは、必需品への課税について、以下のことを指摘している。

　①労働の賃金は「労働に対する需要」「生活資料の必需品目の平均価格」によって決定されるので、「必需品への課税→生活資料の必需品目の平均価格の引き上げ→労働の賃金の引き上げ」であり、「こういう品目（必需品—引用者注）にかかる税は、かならずや、その価格を税額よりいくらか高めに引き上げる。なぜなら、この税を前払する商人は、通常、利潤ともどもその分を取り戻さざるをえないからである。それゆえに、こうした税は、この価格の値上りに比例した賃銀の値上りをひき起さずにはいないのである。」（訳書 Ⅲ p. 361）。

　②必需品への課税は労働の賃金に対する直接税と正確に同様の作用をする^(注12)。

　③労働者の雇い主が製造業者であるならば、「必需品への課税→労働の賃金の引き上げ→製品価格の引き上げ」であるので、必需品への課税は最終的には消費者によって負担される^(注13)。

　④労働者の雇い主が農業者であるならば、「必需品への課税→労働の賃金の引き上げ→農業品価格の引き上げ」であるので、必需品への課税は最終的には地主によって負担される。

　⑤「必需品への課税→労働の賃金の引き上げ→製品価格の引き上げ」のときに、「労働の賃金の引き上げ率＜製品価格の引き上げ率」であれば、貧民の家族を養ってゆく能力、したがって労働に対する需要に応える能力は必ず切り下げられる。

　⑥必需品への課税は、労働の賃金を引き上げるので、必ずあらゆる製造品の価格を高め、結局は製造品の消費・生産の規模を縮小させる。

　⑦必需品への課税は、労働貧民に影響するかぎり、最終的には、第1に地代が減るという形で地主が負担する、第2に製造品価格が引き上げられ

るという形で金持ちの消費者（地主など）が負担する。

⑧必需品への課税は、必需品価格の中に累積加重されて現れる。

（2）贅沢品への課税

スミスは、贅沢品を消費財のうち「必需品以外のすべてのもの」と定義している（訳書 Ⅲ p. 360）。スミスは、贅沢品への課税について、以下のことを指摘している。

①贅沢品（煙草、茶、砂糖、チョコレート、蒸留酒など）への課税が贅沢品の価格を引き上げたとしても、それは必ずしも労働の賃金の引き上げをもたらすとは限らない。というのは、「贅沢品への課税→贅沢品の価格を引き上げ」は必ずしも下層階級の家族を養ってゆく能力が切り下げられることにはならないからである（訳書 Ⅲ p. 362）。

②贅沢品への課税は、その他の商品の価格を高める傾向をもっていない。

③贅沢品への課税は、課税された商品の消費者によって最終負担される。

④贅沢品への課税は、すべての種類の収入（労働の賃金、資本の利潤、土地の地代）に差別なしにかかる。

⑤贅沢品への課税は、金持ちの怠惰と虚栄を、ごく無理のないやり方で貧者の救済に役立たせることができる（訳書 Ⅲ pp. 79-80）。

【必需品への課税：貧民 vs. 中流・上流階級】

スミスは「（必需品への課税により―引用者注）貧民の消費向けの製造品価格が上れば、その賃銀はもっとそれ以上に上る、という形で、貧民に埋合せが行なわれるほかはない。中流階級、上流階級の人々は、もし自分自身の利害を心得ているのなら、労働の賃銀にかけるいっさいの直接税はもちろん、生活必需品にかけるいっさいの税にも、つねに反対すべきなのである。」（訳書 Ⅲ pp. 364-365）つまり、労働の賃金への直接課税、「必需品への課税→労働の賃金引き上げ」の両方とも、その最終的な支払いはすべて中流・上流階級に、しかも相当の超過負担を伴いながら行われる（訳書 Ⅲ p. 365）。

【「下層階級 vs. 中流・上流階級」の消費全体と消費税収入】

スミスは、以下の４つの理由で、下層階級の人々の支出は、一人ひとりをとって見れば、ほんの小さなものでしかないが、それらをひとまとめにした全体の額は社会の支出総額のうちずば抜けた大きさである、つまり量および価値において「下層階級の消費支出総額＞中流・上流階級の消費支出総額」であると論じている（訳書 Ⅲ pp. 389-340）。すなわち、第１に国の資本のほとんど全部は生産的労働の賃金として下層階級に分配される。第２に土地の地代と資本の利潤の大半は「召使その他の不生産的労働者の賃銀や生活維持費」（訳書 Ⅲ p. 389）として下層階級に分配される。第３に資本の利潤のうちいくらかは、下層階級（小商店主、小商人など）がその小資本を運用することによって生ずる収入として下層階級のものになる。第４に土地の地代のうちいくらかは下層階級のものになる^(注14)。

【消費税と「租税一般についての４つの原則」】

スミスの挙げている「租税一般についての４つの原則」は「租税の公平」「租税の恣意性の排除」「納税者の利便性」「徴税費用の抑制」であり（訳書 Ⅲ pp. 269-272）、スミスは、消費税（「贅沢品にかかる税」）は「租税の公平」「租税の恣意性の排除」「納税者の利便性」といった３つの租税原則に合致しているが、以下の４つの理由で、「徴税費用の抑制」の原則には反していると論じている（訳書 Ⅲ pp. 408-413）。すなわち、第１に多数の内国消費税吏が必要である。第２に課税された商品の価格を高めるので、その消費を阻害し、ひいてはその生産を阻害する。第３に密輸によって税を免れたいという望みを人々に抱かせ、結局は密輸業者を破滅させる。第４に課税された商品を扱う商人は、収税吏の度重なる、不愉快な検査を受けなくてはならない。

【内国消費税 vs. 関税】

関税は、内国消費税よりもはるか昔からのものであり、「慣行的な支払いのしるし」だと言われている。スミスは、関税率表がきわめて包括的で、

種々さまざまの品目を列挙しているので、「あいまいなところがあるか、正確か、また区別しやすいかという点からみて、関税は、内国消費税よりはるかに劣っている。」(訳書 III p. 382) と述べ、以下の 2 点を指摘している。

(1) 関税の大半は収入ではなく、独占を目的にして、つまり国内の製造業者・商人に国内市場での有利な地位を与えようと課せられたものである。

(2) 高関税は、第 1 に課税された商品の消費を減らすこと、第 2 に密輸を奨励することにより、もっと適度な税にしておけば得られるよりも少ない収入しか得ることができない[注15]。

【内国消費税に対するスミスのコメント】

(1)「いくら各個人の納税額に不公平が生じうるとしても、(中略) 税のかかっている商品を消費するもしないも、まったく各人の一存で決められ、だれの納税も完全にその当人の自由意志にもとづいているという事情によって、十二分に償われている。」(訳書 III pp. 406-407)

(2)「商人や製造業者が、この税を前払している場合には、結局はこの税を負担する消費者は、まもなく商品の価格と税とを混同するようになり、なにやら税を納めていることも、ほとんど忘れてしまう。」(訳書 III p. 407)

> ┌ ポイント ─────
> (1) 租税には、「地代にかける税」「利潤にかける税」「賃金にかける税」「『地代』『利潤』『賃金』の 3 種類すべてに無差別にかける税」といった 4 種類がある。
> (2) 租税一般について、「租税の公平」「租税の恣意性の排除」「納税者の利便性」「徴税費用の抑制」の 4 つの原則が挙げられている。
> (3) 地代を生む「土地の広さと価値」は正確に確かめられるが、利子を生む「人が所有している資本の総額」は正確に確かめることができない。「土地の広さと価値」は変動しないが、「人が所有している資本の総額」はたえず変動する。
> (4) 土地を動かすのは不可能であるが、資本の移動は可能である。資本の所有者は世界市民であって、必ずしも、ある特定の一国にしがみついてはいない。彼は、背負いきれないような重税をかけられるためにやっかいな

取調べにさらされる国を捨てて、他国へ行こうと思いがちであり、どこか他の国へ資本を移動させるだろう。彼が資本を移せば、彼が去った国で、それまで彼の資本が維持してきた産業は、すべて停止してしまう。

（5）不動産（土地、家屋など）の移転は隠してはおけない法的行為であるので、直接に課税するのは容易である。動産（貨幣の貸付など）の移転は秘密の法的行為であることがよくあるので、直接に課税するのは容易なことではない。動産の移転への直接課税は困難であるので、「印紙税」「登記税」といった2つの間接課税がある。

（6）「労働に対する需要」「食料品の普通または平均の価格」が不変である限り、労働賃金への直接税は賃金を引き上げる。労働賃金にかける税は不合理で有害である。

（7）国家は、第1に国民の収入に直接かつ比例して課税することは困難であり、支出は収入にほぼ比例していると考えているので、国民の支出に課税することによって間接的に収入に課税しようとする、第2に国家は、国民の支出に課税するために、支出が投じられる消費財に課税しようとする。

（8）消費税（「贅沢品にかかる税」）は、第1に「租税の公平」「租税の恣意性の排除」「納税者の利便性」といった3つの租税原則に合致しているが、「徴税費用の抑制」の原則には反している。第2に課税された商品の価格を高めるので、その消費を阻害し、ひいてはその生産を阻害する。

（9）いくら各個人の納税額に不公平が生じうるとしても、税のかかっている商品を消費するもしないも、まったく各人の一存で決められ、誰の納税も完全にその当人の自由意志に基づいているという事情によって、十二分に償われている。商人・製造業者が、消費税を前払している場合には、結局は消費税を負担する消費者は、まもなく商品の価格と税とを混同するようになり、なにやら税を納めていることも、ほとんど忘れてしまう。

（10）関税の大半は収入ではなく、独占を目的にして、つまり国内の製造業者・商人に国内市場での有利な地位を与えようと課せられたものである。

3 公債（第5篇第3章）

【『国富論』第5篇第3章の構成】

　スミスは、政府が債務を負うようになった理由と原因は何かを取り上げ、政府の債務が真の富（GDP）に及ぼす結果はどんなものであるかを論じている。すなわち、政府は、第1に借金を容易にできると考えれば、貯蓄する義務を放棄してしまう、第2に借金をすることは絶対に不可能であると考えれば、貯蓄しようとする自然の傾向が強まると論じている。

【国家の負債の累積過程：対人信用 vs. 債務の支払いのための基金】

　スミスによれば、英国の莫大な国家負債の累積過程は、第1に国家はまず「対人信用」で借金をし始め、第2に「対人信用」での借入が行き詰まったときに、債務の支払いのために何か特定の基金を引き当てにしたり、抵当に入れたりして、借金を行うようになったものである。

（1）対人信用：「流動債」（一時借入金）

　スミスによれば、国が臨時の勤務をさせたために支払うべき債務、あらかじめ財政上の手当をしておかずにやらせた債務などが「流動債」（一時借入金）で賄われた。「流動債」は「対人信用」で起債され、一部は無利子、一部は有利子であった。

（2）債務の支払いのための基金：「先借」「永久公債」

　「対人信用」での借入が行き詰まっているのに、さらに借入を行おうして、以下の2つの方法で、特定の税収を引き当てにしたり、抵当に入れたりして、借金をするようになった。

　①「先借による調達」：短期間の借入

　政府は、引き当てにしたり、抵当に入れたりする期間を短期間（1年～数年）とし、定められた期間内に、基金としての特定の税収によって、借入の元本・利子を完済しようとした。

　②「永久公債への借換えによる調達」：無期限の借入

政府は、引き当てにしたり、抵当に入れたりする期間を無期限とし、基金としての特定の税収によって、利子だけを支払おうとした^(注16)。

【「先借による調達」の永久化：借入のころがし】

　さまざまの条例により、短期間に限っての「先借による調達」は借入のころがしによって永久化されてしまい、「先借による調達」は利子だけが支払われることになった。スミスは、政府の関心事はつねに当面の急場を救うことであり、「先借による調達」の永久化、つまり借入のころがしは「後代の人々よ、よろしく頼む」（訳書 Ⅲ p. 456）になったと論じている^(注17)。

【公債の性質】

　スミスは、公債の性質について、以下のことを指摘している。

（1）政府に貸し付けた資本は、貸し付けた瞬間から、「資本としての機能を果たすもの（生産的労働者を養うもの）」から「収入としての機能を果たすもの（不生産的労働者を養うもの）」へ変わる。つまり、政府に貸し付けた資本は、その年のうちに浪費されてしまう。

（2）政府へ資本（生産的労働者を養うもの）を貸し付けた人は引き換えに「それ以上の価値の公債という形で年金」（訳書 Ⅲ p. 473）を入手する。政府に貸し付けた人は、1つは「他人からこの年金の信用にもとづいて借りること」によって、もう1つは「年金を売って、他人から自分のものとして手に入れること」によって、政府に貸し付けたのと等しいか、またはそれ以上の新しい資本を得ることができる。これに関して、スミスは「この新資本というのも、その国内に以前からあったものに相違ないし、また、およそすべての資本がそうであるように、生産的労働を養うために充てられていたに相違ない。」（訳書 Ⅲ p. 473）と述べている。つまり、政府に貸し付けた人にとっては新資本であるが、国全体にとっては、新資本ではなく、ある用途から引き揚げられて他の用途に振り向けられた資本であるにすぎないと論じている。

【政府の経費の財源：税 vs. 永久公債】

(1) 政府の経費を税によって賄う

　政府の経費が「自由に使える税、つまり抵当に入っていない税」（訳書 Ⅲ p. 474）によって賄われるときは、個人所得の一定部分が、ある種の不生産的労働を養うことから、他の種類の不生産的労働を養うことへ振り替えられるだけのことである。税による調達は、新たな資本の蓄積を妨げはするものの、すでに現存する資本を食いつぶすことはない。

(2) 政府の経費を永久公債によって賄う

　政府の経費が永久公債への借り換え（借金のころがし）によって賄われるときは、それはすでに現存する資本を食いつぶす、つまり以前には生産的労働を養っていたものを、不生産的労働を養うために濫用するのである。

　かくて、スミスは「たとえ永久公債への借換えによる方法が、公共の経費を年度内に取り立てる収入（税—引用者注）によってまかなう方法よりもいっそう多くの既存資本を食いつぶすとしても、同時に、新資本の蓄積なり獲得なりを妨げる度合は、より少ないわけである。」（訳書 Ⅲ p. 475）と述べている。つまり、政府の経費を永久公債によって賄うと、税の負担は小さくなり、それは「かれらがその所得のある部分を節約し蓄積して資本にする、その能力も、ずっとわずかしか害われることがない。」（訳書 Ⅲ p. 475）^(注18)

【公債の償還と公債利子の支払い】

　スミスは、公債の償還と公債利子の支払いについて、以下のことを指摘している。

(1) スミスは、「国債が、いったん、ある程度まで累積してしまった場合、公正かつ完全に償還が行なわれたためしは、まずただの一度もない」（訳書 Ⅲ p. 482）と述べている^(注19)。

(2) 公債利子の支払いは、住民のうちのある一群の人々の収入の一部が、他の一群の人々に振り替わるだけのことであるので、「右手が左手に払うようなもの」と言われることがあるが、スミスは「こういう弁解は、まったく重商主義の詭弁にもとづいたものであって」（訳書 Ⅲ p. 477）と述べ、した

がって公債は全部自国の住民から借りたとしても、「公債の害」は減らない
と論じている。

【「国家収入の債務からの解放」：財政の健全化】

「国家収入の債務からの解放」（財政の健全化）（訳書 Ⅲ p. 489）は「公共の収入の増大」「公共の経費の減少」といった 2 つの方法によって行われる[20]。

ポイント

（1）政府は、第 1 に借金を容易にできると考えれば、貯蓄する義務を放棄してしまう、第 2 に借金をすることは絶対に不可能であると考えれば、貯蓄しようとする自然の傾向が強まる。

（2）政府の関心事はつねに当面の急場を救うことであり、「先借による調達」の永久化、つまり借入のころがしは「後代の人々よ、よろしく頼む」になった。

（3）政府に貸し付けた資本は、貸し付けた瞬間から、「生産的労働者を養うもの」から「不生産的労働者を養うもの」へ変わる。つまり、政府に貸し付けた資本は、その年のうちに浪費されてしまう。

（4）政府の経費が永久公債への借り換え（借金のころがし）によって賄われるときは、それはすでに現存する資本を食いつぶす、つまり以前には生産的労働を養っていたものを、不生産的労働を養うために濫用するのである。永久公債への借換えという慣行を採用したすべての国は次第に衰退した。

（5）国債が、いったん、ある程度まで累積してしまった場合、公正かつ完全に償還が行なわれたためしは、ただの一度もない。

（6）公債利子の支払いは、住民のうちのある一群の人々の収入の一部が、他の一群の人々に振り替わるだけのことであるので、「右手が左手に払うようなもの」と言われることがあるが、こういう弁解はまったく重商主義の詭弁にもとづいたものであって、公債は全部自国の住民から借りたとしても、「公債の害」は減らない。

（7）財政の健全化は「公共の収入の増大」「公共の経費の減少」といった 2 つの方法によって行われる。

注

(注 1) スミスは「戦争の技術というものは、あらゆる技術のなかでももっとも高級なものだから、文明の進歩につれて、必然的に諸技術のなかでももっとも複雑なもののひとつとなる。」（訳書 Ⅲ p. 27）と述べている。

(注 2) スミスは、裁判官は印紙税収入を増やすために、どの訴訟事件についても、手続きを不必要に面倒にしたと指摘し、これが裁判所の法律用語、訴訟手続きの形式を堕落させてしまったと論じている。

(注 3) スミスによれば、司法権が行政権から分離したのは、社会が進歩した結果、社会の業務が増えてきて、裁判の運営がひどく骨の折れる複雑な職務になってきたからである。

(注 4) スミスは、郵便事業は「それ自体の経費をまかなったうえさらに、ほとんどどこの国でも主権者に多額の収入をもたらす。」（訳書 Ⅲ pp. 78-79）と述べている。

(注 5) スミスは、各国は、商業上の利害のもめごとに対処するために、大使・公使を常駐させるようになったと指摘している。

(注 6) スミスは、職務の遂行と給料について、以下のことを指摘している。第1に給料・報酬が正確に職務の性質と釣り合っていれば、職務は立派に果たされる。第2に給料・報酬が職務の性質に照らして低すぎると、従事者は「卑劣で無能になり、そのためにかえって、職務そのものがだめになってしまいがちである。」（訳書 Ⅲ p. 241）第3に給料・報酬が職務の性質に照らして高すぎると、従事者は「無責任になり、また怠け出して、低い時よりも、おそらく、もっとひどいことになりがちである。大きな収入のある人は、たとえその職業がなににせよ、大きな収入のある他の人々と同じような暮しを自分もすべきなのだ、だから自分の時間の大部分は、歓楽と虚栄と、さては放蕩に費やして当然だ、と考えてしまう。」（訳書 Ⅲ p. 241）

(注 7) スミスは、宗教が危険で厄介なものになりうるのは、社会にただ1つの宗派しか許されていないか、あるいは、2つか3つの大宗派に別れている場合だけであると指摘している（訳書 Ⅲ p. 200）。

(注 8) スミスは、「空き家 vs 住んでいる家屋」にかける税について、空き家に税をかけると、空き家の所有者は便宜・収入をもたらさない物件に税を課せられることになると指摘し、「人の住んでいない家屋の敷地地代については、納税を義務づけるべきでない。」（訳書 Ⅲ p. 305）と述べている。住んでいる家屋への税は、建築費用に従ってではなく、借家人に貸せば受け取ることができるであろう家賃に従って評価されるべきであると論じている。

(注 9) オランダでは、全面的な反乱によって、1648 年に新政府をちょうど打ち立てたばかりであったので、各市民は税をハンブルクと同じ方法で誠実に支払った。

(注 10) スミスによれば、北アメリカの南部諸州、西インド諸島における「人頭

税」はすべての黒人にかけられる 1 人当たりいくらという税であり、それは「黒人を使う形の農業に投じられた資本の利潤にたいする税」(訳書 Ⅲ p. 329)である。

(注 11) スミスは、古代ローマ時代には、「この税(相続税―引用者注)は、死亡の場合には、あらゆる遺産相続、遺贈および贈与にかけられたが、最近親者と貧乏人に渡ったものだけは除かれた」(訳書 Ⅲ p. 337)と述べている。

(注 12)「労働者は、自分の財布からこの税(必需品への課税―引用者注)を納めるにせよ、少なくともかなりの期間をとってみれば、正しくは、前払いしているとさえ言えないのである。」(訳書 Ⅲ p. 361)。

(注 13) 長い目で見た「必需品への課税→労働の賃金の引き上げ」は労働者の直接の雇い主の労働者に対する前払いである。

(注 14) 下層階級の消費へ課税するときは、贅沢品への支出に対してであって、必需品への支出に対してではない。

(注 15)「通行税」は財貨の嵩・重さに基づいて課税されるのが普通であるが、財貨の推定価値に応じて課せられる場合は、通行税は内国関税または内国消費税の一種になる。スミスは、通行税は国内商業をはなはだしく妨げるものであると論じている。

(注 16) スミスは、「先借による調達」と「永久公債への借換えによる調達」の中間に位置する借入方法として、「有期年金による借入」「終身年金による借入」を挙げている。

(注 17) 期限を設定して課せられた税の大半は、利払いだけの基金として永久化され、それは「総合基金」「南海基金」「一般基金」に振り分けられた。

(注 18) スミスは、永久公債への借換えによる方法(「公費借換制度」)が、新資本の蓄積なり獲得なりを妨げる度合をより少なくしているのは戦時中のみであり、平時では逆であると論じ(訳書 Ⅲ pp. 475-476)、「永久公債への借換えという慣行は、それを採用したすべての国を次第に弱らせた。」(訳書 Ⅲ p. 480)と述べている。

(注 19) スミスによれば、「減債基金」は旧債償還を目的として設けられたものであり、いつでも即座に抵当になれる補助的基金である。

(注 20) スミスは「平常の時期に、大商人や大製造業者に、自分の財産を特定の政府の保護下に安んじてゆだねようという気を起させる信頼があればこそ、非常の時期に際しても、あの政府になら自分の財産の使用をまかせようという気にもなるわけである。」(訳書 Ⅲ p. 446)と述べている。

索　引

著者紹介

滝川好夫（たきがわ　よしお）

1953 年　兵庫県に生まれる

1978 年　神戸大学大学院経済学研究科博士前期課程修了

1980-82 年　アメリカ合衆国エール大学大学院

1993-94 年　カナダブリティッシュ・コロンビア大学客員研究員

現在　関西外国語大学英語キャリア学部教授・元放送大学客員教授・神戸大学名誉教授（経済学研究科）　博士（経済学）

〈主要著書〉

『金融に強くなる日経新聞の読み方』PHP 研究所、2001 年 7 月。

『経済記事の要点がスラスラ読める「経済図表・用語」早わかり』PHP 文庫、2002 年 12 月。

『ファイナンス理論【入門】』PHP 研究所、2005 年 7 月。

『ケインズ経済学を読む：『貨幣改革論』『貨幣論』『雇用・利子および貨幣の一般理論』』ミネルヴァ書房、2008 年 3 月。

『資本主義はどこへ行くのか　新しい経済学の提唱』PHP 研究所、2009 年 2 月。

『サブプライム危機　市場と政府はなぜ誤ったのか』ミネルヴァ書房、2010 年 10 月。

『図解雑学　ケインズ経済学』ナツメ社、2010 年 11 月。

『企業組織とコーポレート・ファイナンス』ミネルヴァ書房、2011 年 3 月。

『信用金庫のアイデンティティと役割』千倉書房、2014 年 4 月。

『マンガでわかる統計学入門』新星出版社、2015 年 1 月。

『平成から令和へ　どうなる経済・政治・社会』税務経理協会、2020 年 1 月。

『マンガでわかるミクロ経済学』新星出版社、2021 年 2 月。

『アダム・スミスを読む、人間を学ぶ―いまを生き抜くための『道徳情操論』のエッセンス』ミネルヴァ書房、2022 年 9 月。

『金融教育塾：新 NISA で株式投資を楽しく実践』税務経理協会、2023 年 7 月。

『マンガでわかるマクロ経済学』新星出版社、2023 年 9 月。

| アダム・スミス『国富論』を読む |
| ―こうして経済学は生まれた― |

2023 年 11 月 27 日　第 1 版 1 刷発行

著 者―滝 川 好 夫
発行者―森 口 恵美子
印刷所―壮 光 舎 印 刷 ㈱
製本所―㈱ グ リ ー ン
発行所―八千代出版株式会社
　　　〒101 -0061　東京都千代田区神田三崎町 2-2-13
　　　TEL　　03-3262-0420
　　　FAX　　03-3237-0723
　　　振替　　00190-4-168060

＊定価はカバーに表示してあります。
＊落丁・乱丁本はお取替えいたします。